AF451200

ANSIEDAD
¡estoy hasta los
HUEVOS!

SHAILA ROMERO FERRER

UNA GUÍA UN HUEVO DIVERTIDA, ÚTIL Y PRÁCTICA PARA ENTENDER LA ANSIEDAD

Título: ANSIEDAD ¡Estoy hasta los huevos!
© 2019, Shaila Romero Ferrer

Autoedición y Diseño: 2019, Shaila Romero Ferrer
Primera edición: diciembre de 2019

ISBN-13: 978-84-18213-31-1

ÍNDICE

PRÓLOGO

Los tiempos cambian, las personas también y hoy en día el lector se muestra atento a esos cambios.

Aparecen nuevas maneras de escribir y entender la variedad increíble de conceptos y conocimientos que ya existen sobre la ansiedad y sus formas de afrontarla.

¿Qué quieres encontrar en un libro sobre la ansiedad?

¿Qué busca encontrar la mayoría de lectores en un nuevo libro acerca de la ansiedad?

Tenemos un lector que está buscando *novedad* y *sorpresa*. Los libros de autoayuda que más se venden son los que conspiran en una lectura ligera, digerible, pero sin descuidar la profundidad de conocimientos. También está la habilidad de narrar o contar situaciones cotidianas. El público se identifica más fácilmente con situaciones que ha vivido en su propia realidad.

Felizmente los seres humanos aún conservamos esa hambre de conocimiento, que nos empuja y prácticamente nos obliga a conectarnos con nuestra propia VIDA.

Ya sabemos gracias a las estadísticas y los sondeos ACERCA DE LOS LIBROS DE AUTOAYUDA que los lectores buscan libros para conmoverse, y sentir esperanza.

ANSIEDAD, ¡ESTOY HASTA LOS HUEVOS! es un libro que traerá mucha bulla, es genial y tremendamente inspirador.

Es un libro para perderte y encontrarte, reírte y llorar, y básicamente es una invitación para volverte a amarte cuantas veces sea necesario. Tan directo, y a la vez tan sutil. Me sorprende el nuevo enfoque acerca de cómo pararnos ante nuestra propia Ansiedad. ¿Cómo manejarla con respeto y a la vez con desinterés? y el libro me invita y te invitará a navegar en tu propio mundo, en tu propia vida y creo, sin temor a equivocarme, que será el mejor viaje de tu vida.

El libro ANSIEDAD, ¡ESTOY HASTA LOS HUEVOS!, tiene una colección de frases muy potentes que servirán para ir agrupándolas en tu nuevo álbum de vida. Te sentirás muy cerca de Shaila, como terapeuta y como persona y el viaje será muy placentero.

Conozco a Shaila y te garantizo que este nuevo empoderamiento será muy divertido, lúdico, lleno de esperanza y de amor. En realidad Shaila Romero es todo esto. Una gran persona, una extraordinaria mujer y excelente terapeuta.

Mis 21 años haciendo terapia transformacional te garantizan una lectura acogedora y un nuevo aprendizaje sobre cómo encontrar tranquilidad y paz en tu vida interior.

Gracias Shaila por este hermoso aporte a tantas personas que hoy en día sienten que la ansiedad los debilita o los encapsula. Gracias por tus brillantes ideas, y sobre todo como armas conceptos que se vuelven rutas y mapas de amor. ¡Gracias, gracias!

Dr. Tomás Ángulo
Escritor, Psicólogo y Terapeuta de parejas

Dedicatoria especial

A mi hijo Rodrigo
que tocó mi alma
desde el primer momento que lo vi.
Gracias por ser fuente de inspiración
constante para mí.

Te amo.

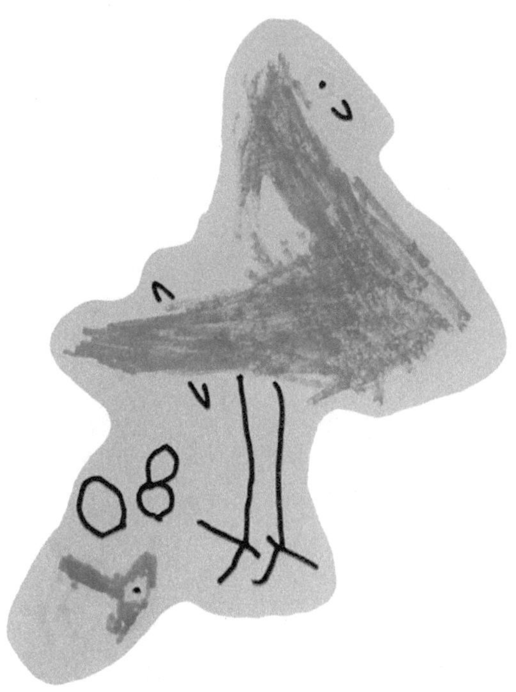

Dibujo realizado por Rodrigo. 5 años

AGRADECIMIENTOS

A todos los pacientes con los que he reído, llorado, disfrutado, fascinado, investigado, a todos ellos que me alentaron a contar aquello que les sanaba, GRACIAS.

Gracias a esas preguntas al inicio de las consultas:

¿Pero esto tiene cura?

¿Me pondré bien?

¿Volveré a ser el de antes?

Porque este libro ve la luz en el deseo de contestar a esas cuestiones.

GRACIAS a todos mis pacientes que han compartido un pedacito de su vida y me dejaron caminar a su lado.

GRACIAS por ser fuente de mi inspiración.

GRACIAS, GRACIAS Y GRACIAS por llegar a mi vida, porque sin todos vosotros, esto no tendría sentido.

Gracias a ti también querido lector por detenerte en cada una de las palabras que comprenden este libro. Gracias por dedicar tu tiempo, tan preciado hoy en nuestras vidas.

Gracias a todos los que me han acompañado en este viaje tan especial de escribir este libro; a mi mentora Carmen Sales por animarme, confiar y guiarme en mi proyecto, a Paz Esteve por su revisión ortográfica, a Pablo Gondar y Sara Millán por sus ilustraciones, a María de los Ángeles Pérez por la maquetación, a mis colegas de profesión y amigos; Tomás Angulo por su prólogo y a mi querida amiga Pilar Sánchez por sus aportaciones y su apoyo.

Enormemente agradecida a mis padres que me dieron la vida y con ella la oportunidad de estar hoy aquí. Gracias a vuestro esfuerzo, dedicación y cariño, hoy soy quien soy.

Gracias a Rafa, mi marido, mi compañero de vida y aventuras, por tu paciencia, por estar ahí pase lo que pase y aceptarme tal y como soy. Gracias por ese amor que todo lo llena.

Gracias a toda mi familia; a mi hermano, a mis primos, a mis tíos, a mis abuelos, a mis amigos, por ser y estar en mi vida.

GRACIAS

INTRODUCCIÓN

Si tienes este libro entre manos es posible que te hayas cuestionado y preguntado en alguna ocasión, ¿quién será el experto que me ayudará a salir de esta **jaula mental**, llamada ANSIEDAD?

Incluso es posible que hayas peregrinado por diferentes profesionales tratando de comprender y entender el porqué de lo que vives, el para qué, el cómo, el cuándo, el dónde y sobre todo, ¡¡hasta cuándo!!

Los hay que prueban medicaciones diversas, equilibran los chakras y meridianos, prueban sanación con luces y cristales. Las duchas de agua fría que no falten, lo de tomar té verde todo un ritual *(yo la primera)*.

¡¡Por hacer que no sea!! Incluso los hay que se unen a curanderos nativos navajos *(muy majos todos ellos por cierto)*, cantan mantras en todo tipo de lenguas, viajan a otras vidas *(sin hacer colas en la terminal de turno y sin miedo al overbooking)*, incluso prueban a nadar en el Ganges *(sin vacunarse, ¡así a lo loco!)* y miran fijamente al sol *(sin gafas, sin protección, se la juegan, que ya puestos...)*.

Otros tiran cartas del tarot *(a ver si sale alguna buena)*, prueban la mooxibustión, los ayunos *(eso* que se ahorran en hacer la compra), la terapia del color (*nunca es tarde para cambiar de vestuario*).

Ya fruto de la desesperación incluso toman medicamentos milagrosos (*que si no te sale un brazo más, ni bien ni mal*), prueban todo tipo de dietas, incluso llevan sandalias terapéuticas (*que son la mar de cómodas, sobre todo esas que tienen una especie de pinchitos en la suela tipo faquir*).

Le dan un vistazo a la vesícula biliar de una serpiente (se ve que es una ciencia súper exacta), se limpian el aura (*que a veces se carga un poquito*), visitan a una médium, van a balnearios de salud *(allí charlamos un rato que yo a eso me apunto)*, cocinan con ingredientes exóticos... y todo esto...

¿Por qué?

Porque intuimos que en algún lugar, con algún método, nuestra vida cambiará. No sin incrementar la culpa con todo lo que no funcione *(aumentando más si cabe la sensación de culpa, de angustia, de ansiedad y todos los pensamientos negativos que la acompañan)*.

Es el mismo sufrimiento que nos da la ansiedad, lo que nos hace continuar en esta búsqueda incansable, o ¿Quizás la esperanza?

En ocasiones no existe un entendimiento profundo y verdadero de lo que vivimos, lo cual dificulta encontrar una respuesta liberadora. Es posible que sea tan sencillo que ni la veamos.

Quizás la solución a todos nuestros pesares, dolencias y malestares no esté AFUERA y por eso nos resulta tan complicado encontrarla.

Rozando la desesperación en esto de buscar una respuesta que nos dé claridad, uno acaba ¡**HASTA LOS HUEVOS DE LA ANSIEDAD**!.

Los días pasan entre palpitaciones, mareos, taquicardias, presiones en el pecho, dolores de cabeza, sudoraciones, diarreas o estreñimiento (eso ya según el colon de cada uno), caída excesiva de pelo, vértigos, sequedad de boca, hormigueos y parestesias en diferentes partes del cuerpo, insomnio, inquietud, angustia, pensamientos catastrofistas... y así un largo etcétera de sensaciones.

Ahora con este libro en tus manos te sientes dispuesto y capaz de recuperar tu equilibrio, el bienestar mental, emocional y físico.

¿Crees acaso que este libro tiene la respuesta que te cambiará la vida?

QUÉ VAAAA, ni de casualidad, este no es el libro que te cambiará la vida, ni mucho menos. Lo siento.

Sinceramente pienso que no hay libros que cambien vidas, sino **mentes que cambian vidas**. No es el libro en sí, porque así de primeras tú compras un libro, lo pones en la estantería y ¿a que no te cambia la vida? Como mucho la decoración.

Ahora, si ya decides leerlo... es otra cosa. Tu vida puede cambiar si tu forma de pensarte, de pensar lo que pensabas, y por tanto de sentir, cambia... eso ya es otra cosa ¿no te parece?

Hay alguien que tiene la capacidad de transformar tu vida, y ese alguien eres TÚ.

Yo simplemente seré una espectadora de todo ello.

No te propongo hacer nada extraño, para nada, ni ejercicios de dificultad extrema, ni colgarte boca abajo como los murciélagos con talismanes de la suerte que activen tu tercer ojo (*que sería una opción*), más bien se trata de emplear el sentido común, que como se suele decir, es el menos común de los sentidos.

Por ello te invito a que COMPRUEBES y EXPERIMENTES EN PRIMERA PERSONA TODO LO QUE VOY A CONTARTE.

Es más, no te creas nada de lo que te digo, prueba y experimenta en tus propias carnes, en tu PROPIA VIDA, porque sin duda TÚ eres el mejor laboratorio existente donde probarlo todo.

Justamente, allí es donde habita el Gurú, el Chamán. El Maestro que has estado buscando todo este tiempo, vive bajo tu piel. No hay que aprender ni memorizar nada, es mucho más sencillo que todo eso.

Es normal que te muestres escéptico y es que no me extraña, porque menos saltar aros de fuego y salir indemne de tigres de bengala, bañarte con cocodrilos del Nilo y pirañas con dientes afilados, lo has probado todo, o ¡¡casi todo!!

Has leído artículos, textos y te has documentado sobre la ansiedad, más que cualquier experto, es más, estás por hacer tú un taller o un seminario de esos a los que acudes, y ¿sabes qué?, que me parece bien, porque otra cosa no, pero ¡¡conocimientos y experiencia te sobran!!

Como te decía, **lo mejor es que ya lo tienes TODO, te tienes a ti**. Así que puedo decirte que estás a salvo de la desilusión. Y esto es lo más importante.

Pretendo acompañarte en este descubrimiento, el de desvelar tus programas mentales y sistemas de creencias que han estado funcionando y operando hasta este momento de tu vida.

Conocer cómo hemos ido creando sin darnos cuenta todo este tinglado que tenemos montado en nuestras vidas, porque como si de un coleccionable fuese, hemos ido atesorando piezas para vivir del modo en el que lo estamos haciendo.

Y ¿Sabes qué?

Que la vida no tiene tique regalo ni se puede cambiar (*a saber cómo estarían las tiendas de segunda mano si esto fuese posible*), pero tiene algo maravilloso y es **que podemos transformarnos, podemos integrar, digerir todo aquello que en algún momento se nos atascó en la vida, cambiar el rumbo y tomar nuevas decisiones**. Eso, está en nuestras manos.

Sin embargo, se nos complica la vida en algún momento, sin saber muy bien ni cómo ni porqué y ¡ZAS! Ahí está la ANSIEDAD al girar la esquina.

Tratas de huir de esos estados emocionales que te desbordan, que te saturan. Buscas la salida de emergencia para huir a toda mecha, como si fuera una auténtica bomba atómica.

Y cuando regresas, ¿qué es lo que sucede?

Pues que ahí está la emoción de turno, ¡¡esperándote con los rulos puestos!! Dispuesta a echarte la regañina, ¡encima viene con refuerzos!

La ANSIEDAD es como las arenas movedizas, cuanto más quieres librarte de ella, cuanto más huyes, evitas, te escondes, de todas esas sensaciones, emociones, pensamientos, más te hundes.

Tememos a esos sentimientos negativos porque no somos conscientes de cual es el mecanismo, el método o el modelo ideal para manejarlos. Es más, en alguna ocasión uno llega a dudar de que haya algún modo de quitarse esto de encima. Lo cierto es que nadie nos enseñó a lidiar con todo esto.

Como tenemos miedo a estar con esos sentimientos, los apartamos y se nos acumulan más y más, tanto que ya no cabe ni un alma en esa mochila que llevamos a las espaldas. Salimos corriendo, tratamos de evitarlos, distraernos y nada parece funcionar.

Y es que los sentimientos no son nada sin los pensamientos, son como un matrimonio, que para colmo se manifiesta en el cuerpo.

Y justamente de esto va este libro.

De comprendernos porque cuando lo hacemos comenzamos a tomar conciencia, esa que nos ayuda a transformarnos, a dejar de culparnos comenzando el proceso de la liberación, ya que **cuanto más nos responsabilizamos de nosotros mismos más cerca estamos de vivir la vida que anhelamos.**

Entenderás cómo surge todo, cómo se crea, cómo se reproduce y aumenta la ansiedad y también cómo muere, cómo desaparece, cómo se diluye (esto es como el ciclo de la vida).

Este libro está escrito con la intención de contagiarte mi entusiasmo, mi energía y confianza de que tú también hallarás tu solución. Esa que te ayudará a salir de la jaula mental que te tiene prisionero, de las arenas movedizas de la ansiedad, que te hunden más y más.

Un libro escrito desde mi sentir, desde el cariño, desde el humor, desde quién soy yo.

Que ya puestos te cuento un poquito sobre mí, que me he puesto aquí a escribir... y todavía no sabes quién soy.

A parte de ser hija, madre, esposa, amiga, compañera... llevo dedicándome a la psicología más de 15 años, que sin duda alguna he sentido como vocacional desde bien pequeñita.

Pero fue un día con un paciente en consulta cuando tomé conciencia de que había automatizado mis años de experiencia en una forma de intervención terapéutica muy particular.

Aunando conocimientos y experiencia desde una visión humanistica, holística e integradora, la terapia centrada en las emociones, el Mindfulness, el Coaching Estratégico, PNL, ICV, y mucho más, siendo la estrella de todo ello el trabajo con EMDR. Un abordaje clave en el ALIVIO DEL SUFRIMIENTO HUMANO.

Te describo brevemente en qué consiste.

EMDR (Desensibilización y reprocesamiento por movimientos oculares) es un abordaje psicoterapéutico innovador validado científica y empíricamente, que acelera el tratamiento de multitud de patologías.

Esto se debe a que ayuda a desensibilizar y reprocesar eventos de forma natural y muy rápida empleando estimulación bilateral.

Fruto de todo ello surgió este libro y también el **PROGRAMA CALMA 3C.**

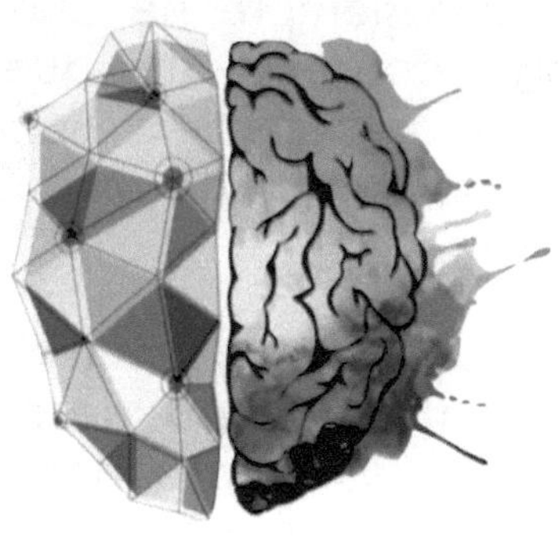

CALMA 3 C
RECUPERA EL CONTROL DE TU VIDA EN 21 DÍAS

CALMA 3C es un programa que integra, transforma y deja ir el dolor, la tristeza, los miedos y sobre todo la ansiedad, de forma sencilla, rápida y eficaz, transformando todo lo vivido en una oportunidad de crecimiento. Como dicen mis pacientes: **ES PURA MAGIA.**

Hablando de magia, te confesaré que me fascina en todas sus vertientes. Los trucos, las ilusiones, las desapariciones. Admiro a los magos, ilusionistas, los escapistas y su capacidad de sorprender, porque sin saber ni cómo ni cuándo hacen un truco de esos que te dejan con la boca abierta.

Quizás por eso siempre he anhelado hacer la misma magia con la gente que sufre, como si por arte de magia pudiera hacer desaparecer su malestar, pero lo cierto es que no tengo esa capacidad, yo, no.

Cada uno es un mago y artista de su propia vida con poderes que incluso desconoce, así que aquí ando yo, dispuesta a incentivar que cada uno saque punta a su varita y pueda sacar una gallina de la chistera, una de esas que ponga HUEVOS DE ORO.

¡¡QUE YA VA SIENDO HORA!!

Te invito a encontrarte a lo largo del libro, a perderte, a reírte, a reconocerte y a tomar distancia. A enfadarte, a reconciliarte, incluso a quererte, para llegar a amarte. Te invito a que hagas con el libro lo que quieras, que para eso es tuyo.

Porque ¿quién sabe si este libro será como esa medicina milagrosa, que al tomarla, todos tus males espantas? ¡Dejemos de imaginar y comencemos a crear una nueva realidad!

¡¡Vamos a por ello!!

¿POR QUÉ DEBERÍA YO LEER ESTE LIBRO?

Básicamente ¡porque estás hasta los huevos de la ansiedad!

Porque quieres descubrir ¡por qué HASTA AHORA, la ansiedad controlaba tu vida!

Y porque ya va siendo hora de reírse un poquito a pesar de la que está cayendo.

ANSIEDAD
¡estoy hasta los
HUEVOS!

UNA GALLINA LLAMADA ANSIEDAD

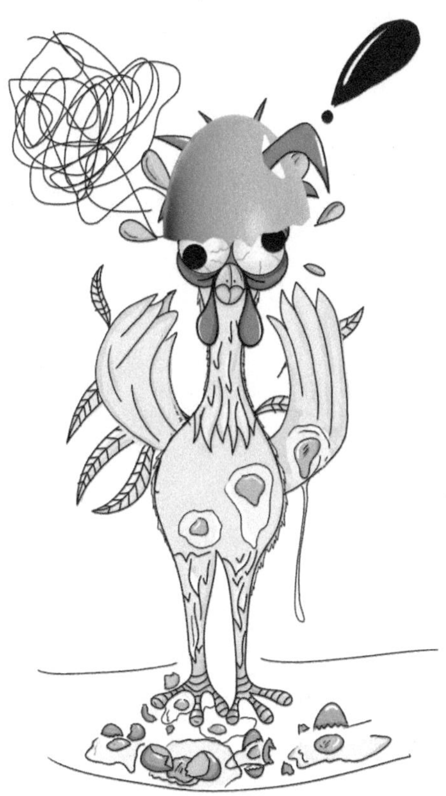

1. ¿QUÉ FUE PRIMERO EL HUEVO O LA GALLINA?

¿Alguna vez te has hecho esta pregunta?

Pues con la ansiedad pasa algo similar, no sabemos qué fue lo primero ni lo que sucedió. Y es que la ansiedad tiene la mala costumbre de no llamar al timbre antes de aparecer en nuestras vidas, ni mandar email, ni whatsapp, ni naaa.

Estás tan tranquilo en casa y cuando menos lo esperas ya ha entrado, directamente al salón a tomar café, se pone tus pantunflas, se adueña del mando de la tele, de tu sillón, de tu taza del desayuno, es más ya ha dejado hasta el cepillo de dientes al lado de los de tu familia...

¡¡Y sientes que se ha adueñado de TU VIDA!!

Halaaaa ya tienes en casa un nuevo inquilino, encima de los que no pagan alquiler.

Que igual el tema comenzó por un poquito de ESTRÉS, no digo que no, lo que pasa es que ahora ya no sabes si es es-trés, es-cuatro o es-cinco. Lo que sabes es que quieres volver a tener tu vida y dejar de estar así.

Ya no sabes que fue primero, si la ansiedad, los pensamientos, el miedo o todo ese despliegue de sensaciones físicas...

Echemos la vista atrás y recordemos cómo comenzó todo...

Quizás estabas tú tan sumido y abstraído por el frenesí del día a día que pasaste por alto esos pequeños toques de atención en tu cuerpo. Porque como es normal

¡¡NO HAY TIEMPO para tonterías!!

Y mucho menos de atender al cuerpo, faltaría más
¡¡Qué locura esa!!

¿Cómo voy a atender al cuerpo con el que se
supone que voy a vivir el resto de mi vida?

Eso sería de no estar bien de la azotea, a saber qué pensaría la gente:

- Que si estoy de vacaciones permanentes

- Que si soy un/a vago/a

- Que vivo en los mundos de YUPI (puntualizo, por si no lo sabes, YUPI era un extraterrestre)

- Que si tengo mucho cuento...

Y sigues tranquilo a lo tuyo, ignorando el dolor de cabeza, de brazo, de cuello, de riñones, de ojos, de estómago.... y aleee sigues como si nada, en lo que yo llamo la **ESCALERA DE LA ANSIEDAD**, que ya no sabes si subes o bajas, lo único que tienes claro es que lo que empezó por unas molestias... está acabando en una sensación insoportable.

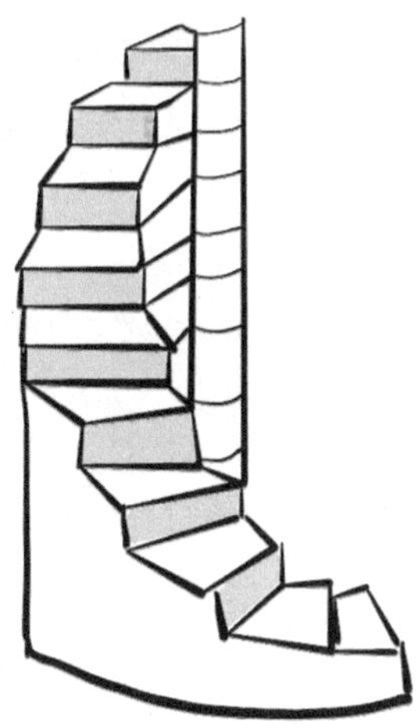

Comienzas a subir los peldaños de la **inquietud**, del **agobio**, y como todavía sientes que vas con fuerzas pues sigues subiendo, cual valiente.

Eso de ir agobiado por no llegar a tiempo en la entrega de los proyectos… tonterías.

Lo de sentir un poco de agobio en la relación de pareja porque parece que cada uno va por su lado, buahhhh chorradas…

Y conforme asciendes, sin mirar atrás, llegas al peldaño del **nerviosismo**, de la **angustia**, pero todavía te quedan fuerzas, no vas a ser el único que se angustie por "na" y menos.

La de gente que hay por ahí viviendo situaciones peores, no vas a ser un llorón, o un quejica *(te dices internamente)*. Así que toca aguantar.

¡¡**NO HAY TIEMPO** para tonterías!!

Todo decidido sigues avanzando y escalando peldaños, sin paradas técnicas, sin revisar y en ocasiones ni evaluar lo que estás viviendo. ¡¡NO HAY TIEMPO!!

Y cuando menos lo esperas ya has llegado al peldaño del **ESTRÉS**, pero como esto del estrés, está muy de moda… que lo mismo combina con marrón, que con rosa… con pantalones que con falda, pues ale a tope con el ESTRÉS.

Y sigues subiendo. Conforme vas subiendo y escalando peldaños parece que cuesta más respirar, ¡como si faltase el oxígeno! Qué cosa más extraña. Pero vamos que ¡NO HAY TIEMPO! para detenerse, hay que avanzar, hay que seguir, como si nos persiguiese una manada de leones, claro que sí.

Hasta que un buen día.... el cuerpo ya te habla por MEGAFONÍA y ese día, es el gran día en el que el cuerpo tiene su espacio, en el que es escuchado, en el que sí o sí tienes que parar, básicamente porque tienes que ir a URGENCIAS, claro está.

Que podrías no haber ido (*que otra cosa no, pero súper poderes....tienes mogollón*), pero alguien te ve tan mal que te lleva, o incluso te arrastra.

Y allí tumbado en la camilla del box de urgencias te comentan;

"Ha sufrido un ATAQUE DE ANSIEDAD"

PERDONAAAAAAAAAA Y ¿DE ESO ME VOY A MORIR?

Porque seamos sinceros, quien no ha pasado por esto no sabe lo que es.

Es un catálogo de sensaciones muuuy chungas desde: una sensación parecida a la de un infarto, *(ante lo cual piensas que te vas a morir)*, visión borrosa, angustia, extremidades temblorosas/ adormecidas, vértigos, náuseas...etc.

¡¡ES HORROROSO!!!

¡¡Y te dicen que tienes ANSIEDAD!!

¿Cómo es posible que hayamos llegado hasta aquí?

Con lo tranquilo que estabas...

- Quizás por el trabajo ese que tenemos en el que no soportamos al jefe.

- Porque tenemos demasiado volumen de trabajo *(lo cierto es que somos capaces de hacer el trabajo de 5).*

- Quizás porque hemos estado reprimiendo y aguantando mucho en esta vida y en la mochila ya no cabe nada más.

- Quizás porque la situación emocional que vivimos es insufrible.

- Quizás porque no supimos escuchar al cuerpo cuando nos susurraba sobre ese dolor o molestia.

- Quizás vivimos un acontecimiento inesperado, dramático, traumático...

Son tantas las posibilidades que seguro que cada uno encuentra la suya. Ese argumento, que te hace tomar conciencia de lo poco conscientes que somos en ocasiones de nuestro cuerpo, de nuestros pensamientos, emociones... en definitiva de la VIDA.

Porque he de decirte algo, cuerpo tenemos uno, este envase con el que hemos venido al mundo tiene que durarnos hasta que nos muramos, pero... ¿lo estamos cuidando?

Los hay que se han tomado vacaciones, sí, ¡¡PERO DE SU CUERPO!!

Y así sin avisar, de repente, un buen día todo ese frenesí, las preocupaciones, todo ese estrés, las urgencias, prisa por la vida, el malestar, y un sinfín de incomodidades van y se materializan todas juntas como una olla exprés a punto de estallar.

Sabemos que la ansiedad no es perjudicial en pequeñas dosis y cantidades (*como todo en la vida, porque no es lo mismo una copita de vino que 5 litros*) puede ser estimulante, de ayuda, pero si te pasas de la raya… está claro que las consecuencias son nefastas.

Pero ese día sientes como tu mundo se desmorona, te sientes impotente, tu cuerpo ya no te sigue, parece que tenga vida propia, no parece responder a lo que tú deseas, como si fuera por un lado y tú por otro. No llegas a comprender del todo lo que significan ese conjunto de sensaciones nuevas que han llegado a tu vida y no tiene la pinta de marcharse de inmediato.

Dicen que todo en la vida sucede por algo, pero cuando vives esta experiencia desearías mandar al de la frasecita a paseo, cogerlo del cuello y amenazarle con que esto se pase YAAA MISMOOOO.

Mientras tanto la enfermera ya te ha dado la pastilla para poner debajo de la lengua, como el que mete la basurilla bajo la alfombra de casa.

Ahora toca esperar a que se pase el desfile de tambores dentro de tu corazón, el estómago acabe su programa de centrifugado, y dejen de saltar sobre tus pulmones las células de tu cuerpo, que parece que están haciendo una carrera por tus venas… y es que no hay mal que por bien no venga… porque:

Este es el comienzo de una nueva etapa.

Una en la que más vale comprender lo que sucede para dejar de sentir que pierdes el control más a menudo de lo que quisieras.

Para ello quiero comentarte algo importante y que quizás nadie te haya contado todavía. Más allá de todas las definiciones científicas y políticamente correctas de la ansiedad, lo que ha sucedido es fruto de:

¡¡¡UN MALENTENDIDO!!!

Sí, sí, como lo estás leyendo. ¡¡Pero uno bien gordo!!

Para ser exactos **uno psicofisiológico**.

Como si nuestro cerebro un buen día hubiese decidido jugar al teléfono roto sin avisar.

Un malentendido entre lo que viviste, lo que sucedió y la respuesta que tu cuerpo dio en ese momento.

Una del tipo, *"de aquí hay que salir con vida"*, *"oohhh dios!!" "peligroooo"*, *"me mueroooo"*, *"no puedo con todo"*.

De esas que te invitan a salir corriendo, huyendo o salvaguardar la vida de uno ya sea física, mental o emocionalmente.

Un MALENTENDIDO, te tiene así de liada la mente.

"La que se ha liado pollito"

Resulta que en algún momento se ha condicionado una respuesta de un momento determinado con una respuesta de huida, de amenaza, de peligro... y como por arte de magia, como si alguien hubiese lanzado un conjuro sobre nuestras redes neurológicas, queda almacenado, con una clara intención:

Prevenirnos del peligro.

El cuerpo ha entrado en modo **SUPERVIVENCIA**.

Es un mecanismo puramente fisiológico para mantenernos a salvo, que aunque todo sea dicho de paso, más que ayudar, nos está fastidiando un pelín la vida, al menos por el momento.

¡El cuerpo está confundido! Y lo mejor está por llegar, porque resulta que ese malentendido que la mente no aclara se va repitiendo, repitiendo y repitiendo...

Y **llega a convertirse en un aprendizaje y un condicionamiento a futuro.**

Que por cierto es ahí donde vive la mente de un ansioso. En el futuro, en el mañana, en el que pasará, en tenerlo todo controlado y asegurado. Anda constantemente anticipando, *por si acaso*.

¿POR SI ACASO QUÉEEEEE?

- Pues *por si acaso* hay que salir corriendo

- *Por si acaso* hay que prevenir una desgracia mayor

- *Por si acaso* podemos anticiparnos a las circunstancias

- *Por si acaso* llueve

- *Por si acaso* hace frío

- *Por si acaso* podemos salvar el planeta

- *Por si acaso* podemos erradicar el hambre en el mundo…

- Hay tantos *por si acasos*…como tipos de personas

Así que la mente que es muy previsora, tanto como mi abuela, que no tira nada *por si acaso* un día hay que emplearlo, la mente hace lo mismo con lo aprendido y vivido, lo guarda ahí, **por si hay que** sacarlo.

La mente va planificando, anticipando situaciones futuras, y con el malentendido rondando la mente poco a poco, los "por si acaso", los "y siiii..." se van enraizando, profundizando como un aprendizaje a nivel psicofisiológico.

De este modo nuestro sistema nervioso se altera, poco a poco, nuestro cuerpo se va acelerando, subiendo las revoluciones... hasta llegar a un punto en el que ese MALENTENDIDO lleva a nuestra mente incluso a anular ciertas capacidades cognitivas y mentales, como por ejemplo pensar con CLARIDAD. Situación en la cual sentimos que:

HAN SECUESTRADO
NUESTRA MENTE PENSANTE

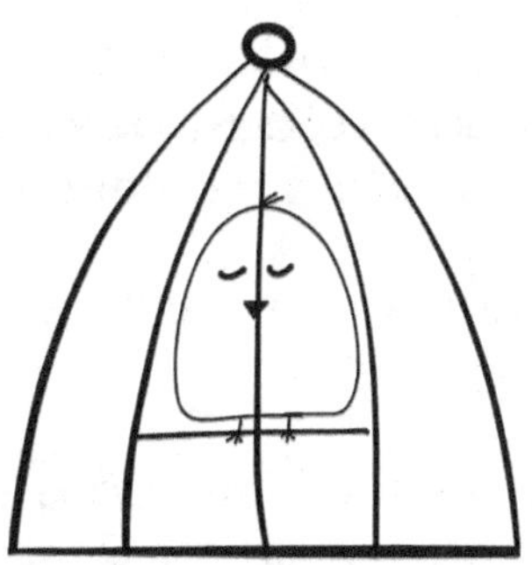

A lo largo del libro te voy a ir contando más sobre este SECUESTRO, porque sin duda alguna para liberar la mente y comprenderla, es necesario saber quién, cómo y cuándo la apresaron.

Es lo típico que suelen hacer en las series policíacas. Meterse en la mente del secuestrador para saber cual va a ser su siguiente paso para resolver el caso.

Así que nos convertiremos en investigadores profesionales para resolver el misterio.

**El SECUESTRO se produce
al experimentar estados emocionales intensos
(de esos que nos llevarán a un MALENTENDIDO).**

Para que me entiendas, pensar con claridad en momentos de alta intensidad emocional es complicado. Sería como querer hacer raíces cuadradas en un atraco. Un pelín complicada iba a estar la cosa, ¿no te parece?

En ese momento lo que uno quiere es sobrevivir, no está para pensar fríamente en resolver cuestiones matemáticas.

Iremos viendo a lo largo del libro más pistas que nos van a ir encajando en el caso que queremos resolver y que tanto nos ayudará a entender la mente.

De este modo dejaremos de culpar al KARMA de lo que nos pasa por ansiosos.

Dejaremos de buscar fuera para comprendernos desde dentro. Porque sinceramente, resulta agotador buscar y buscar pistas para ver qué es lo que nos sucede y no encontrar ninguna.

Es como si nunca pudiéramos resolver el enigma de nuestra vida y seguir cuestionándonos ¿Qué fue primero, el huevo o la gallina?

Eso por suerte ya tiene los días contados.

Como expertos y cualificados investigadores que somos, dejaremos atrás la huida, la evitación para adentrarnos de lleno en la mente de la ANSIEDAD.

Para ello quiero compartir contigo algunas cuestiones que te ayudarán a reflexionar sobre el origen de lo que estás viviendo en la actualidad.

1. ¿Reconoces haber vivido o sufrido algún **acontecimiento pasado** intenso que pudiera generar un MALENTENDIDO en tu mente? ¿Cuál?

____

____

____

____

____

____

____

2. ¿Has vivido alguna **experiencia dramática o traumática reciente** lo suficientemente intensa como para que tu mente fuera SECUESTRADA e incapaz de pensar con claridad? ¿Cuál?

____

____

____

____

____

____

____

3. Directamente no tienes ni idea de lo que ha pasado, porque tu vida parecía tan normal de aquí a un tiempo... y piensas que...

____

____

____

____

____

¡¡ATRÉVETE A SEGUIR INDAGANDO!!

En esta ocasión te invito a hacerlo junto a la "Gallina Turuleca"

Si recuerdas la canción infantil que le dio la fama, era una gallina muy peculiar, que la pobre solo quería poner huevos, eso sí, donde ella quería. Era un poco rebelde, como la mismísima ansiedad.

2. LA GALLINA TURULECA

Yo conozco una vecina
que ha comprado una gallina
que parece una sardina enlatada.
Tiene las patas de alambre
porque pasa mucha hambre
y la pobre está todita desplumada.
Pone huevos en la sala
y también en la cocina
pero nunca los pone en el corral.
¡¡La Gallina!! ¡Turuleca!
es un caso singular.
¡¡La Gallina!! ¡Turuleca!
está loca de verdad.
¡¡La Gallina!! ¡Turuleca!
ha puesto un huevo, ha puesto dos, ha puesto tres.
La Gallina Turuleca
ha puesto cuatro, ha puesto cinco, ha puesto seis.
La Gallina Turuleca
ha puesto siete, ha puesto ocho, ha puesto nueve.
Donde está esa gallinita,
déjala a la pobrecita, déjala que ponga diez.

Así que "**la gallina Turuleca**" al igual que la ansiedad parece que hace su debut en los escenarios más insólitos e inesperados, sin avisar, y de tantas formas y apariencias...

¿Dónde pondrá "la gallina ansiosa" sus huevos la próxima vez?

Durante un tiempo estuve preguntando a mis pacientes en consulta para que me ayudaran a recabar información sobre el funcionamiento interno de la ansiedad y de este modo profundizar un poco más sobre los patrones y comportamientos de "**la gallina ansiosa**".

Me despertaba curiosidad saber y conocer cómo la mente es capaz de crear momentos de tranquilidad y bienestar y por otro lado crear momentos de confusión mental, de angustia y estrés.

Eso me llevó a lanzarles la siguiente pregunta:

¿CÓMO HACES ANSIEDAD?

Soy consciente de que la pregunta es rara de narices y hasta podríamos pensar que un poco descabellada, ya que a nadie se le ocurriría deliberadamente crear un estado con estas características. Lo sé.

Ante lo cual las contestaciones comprendían respuestas del tipo:

o ¡Y yo qué sé!

o Si lo hago, no soy consciente.

o No tengo ni idea, para eso estoy aquí.

o Si lo supiera, créeme que ya no estaría aquí.

Así que me puse manos a la obra, puesto que quería ayudarles a desvelar este enigma.

Les animé a que me desvelaran sus mejores secretos y pistas, para crear la famosa ANSIEDAD. Y les pregunté:

"Si yo quisiera alcanzar un estado de nerviosismo, estrés, inquietud, agobio y angustia similar al que vives, ¿qué tendría que hacer?"

Quería meterme en la mente de mis pacientes, aprender como ellos lo hacían, pensar como ellos pensaban, sentir como ellos sentían, actuar como ellos actuaban, para dar con:

LA RECETA DE LA ANSIEDAD

Yo sería simplemente el aprendiz de cocina.

Así que, sin darse casi cuenta, comenzaron a desvelarme los pasos y las pautas para construir esa **ANSIEDAD.**

A continuación, te muestro los pasos que ellos mismos seguían para aumentar el nivel de estrés, agobio, miedo, perturbación, angustia, ANSIEDAD…etc.

CAUTION

SI NO DESEAS AUMENTAR TUS NIVELES DE ANSIEDAD NO LEAS LAS SIGUIENTES PÁGINAS.
(Son testimonios reales)

Durante todo el tiempo tienes que **cuestionarte el porqué de todo.**

Tienes que pensar *"ya verás como ahora que va todo bien, se fastidia de un momento a otro".*

Piensa en que *"algo malo va a pasar"*, *esto te lo tienes que repetir con bastante frecuencia, porque si no, no funciona (cada 5 minutos estaría bien). Así que puedes obsesionarte con una idea, la que sea, y ¡a darle caña! Pensar a todas horas en los peores escenarios es mano de santo.*

*Desde primera hora de la mañana, bueno mejor dicho, desde que abras los ojos en la cama, lo primerísimo que tienes que hacer para aumentar los niveles de estrés, angustia y miedo, es **hacerte afirmaciones negativas**, de todo tipo, cuanto peores sean mejor. Que tengan que ver contigo, con la familia, con el trabajo, los amigos...*

*El INGREDIENTE ESTRELLA es chutarte de **creencias negativas** del tipo: "no valgo, soy tonta, soy diferente, nadie me entiende, nadie me quiere, soy incapaz, soy gilipollas, soy un pringado, un inútil, no voy a conseguir nada en la vida". Eso es infalible para sentirse en la miseria, así que cuanto más te quieras hundir... ya sabes.*

*Si por un casual, en algún momento hubiese un atisbo de bienestar, ¡¡**DESCONFÍA** totalmente!! En esos casos lo mejor es exclamar "UYYYY, que raro es todo esto, mmmm, me huele mal, me da que esto quiere decir que en nada me da un ataque, porque hace tiempo que me encuentro bien, sin sensaciones molestas y esto es muy extraño, ¿a fin de qué, me voy a empezar a encontrar bien?. ¡Igual esto es la señal de que estoy empeorando!"*

*De vez en cuando vas poniendo la atención al cuerpo, porque con tanto mensajito macabro comenzarás a sentir un poco de agobio, en el cuerpo, así que pon tu atención ahí, como si le **subieras el volumen a las sensaciones negativas**, y continúa tu discurso mental en plan "madre que agobio, uuufff esta sensación es chunga, pero chunga chunga....*

*Cualquier sensación rara que notes en el cuerpo, desde gases, picores, hormigueos, cansancio ¡lo qué sea! en lugar de tomarlo como algo normal y natural del cuerpo, conviene alarmarse (da igual la intensidad) y tomárselo como una señal de que algo va mal. **Como si a fueras morir.***

*Si esto no funciona **comienza a hiperventilar**, para ello lo mejor es mantener una respiración superficial durante un tiempo, es como la respiración que tienes cuando estás corriendo. Vamos, una de esas que no puedes ni con el pelo.*

Y de ahí ya lo unes con eso de "uffff voy acelerada, no puedo más.... me va a estallar el corazón"

Para recrearte un poquito en el malestar, **puedes traer a tu mente los peores momentos de tu vida**, en los que has fracasado, en los que las cosas no han salido como querías, y regocijarte en ellos.

Compararse es algo también muy interesante para aumentar la ansiedad. Lo cierto, es que te puede servir cualquiera y cualquier motivo, porque la clave es que siempre tienes que salir perdiendo. Los comentarios que acompañan a la comparación son del tipo: "todos son mejor que yo", "no sé hacer nada", "tengo muy mala suerte", "a mí todo me sale mal", "nadie me va a querer"…

Para **hacer un poquito de tristeza** cambia tu fisiología: hombros caídos, cabeza hacia abajo, arrastra los pies al caminar, hunde mentón y pecho, mirada hacia abajo, brazos encogidos o incluso replegados sobre el cuerpo… el resto viene solo.

Luego también está el punto de **ser borde** con todos, y enfadarte por cualquier cosa, y de ahí "hacer una montaña de un grano de arena"

El **estado de aceleración** *que no falte, la prisa y la urgencia tus mejores aliados. Procura de ir a toda mecha a todos los sitios, hablar rápido, ducharte a toda pastilla, comer con ansia, pensar a mil revoluciones por minuto, es más, no dejar de pensar aunque no sepas el qué, pero eso sí, siempre en negativo y rapidito.*

La **AUTOCRÍTICA***, esto es como el huevo a la tortilla, imprescindible.*

Critícate por todo, por lo que haces, por lo que no haces, por tu aspecto físico, por ser como eres, por pensar como piensas, por andar como andas, por comer como comes... es decir, ¡¡por todo!! Hasta por respirar, ya puestos.

Trata de CONTROLARLO todo *incluso lo que no dependa de ti y si ves que no puedes y escapa a tu control entonces ¡¡***CRITÍCATE***!!*

Hasta aquí una pequeña muestra que amablemente compartieron conmigo sobre cómo alcanzar el famoso estado llamado ANSIEDAD. Esto es como dar con la receta de la COCA-COLA.

Sin duda las circunstancias personales de cada uno son bien distintas y no con todos va a funcionar la misma receta.

Existen circunstancias que no están en nuestra mano manipular, véase catástrofes naturales, situaciones trágicas o incluso intercambiarnos a los padres.

No obstante, más allá de lo ajeno a nuestras circunstancias, aquí tienes con detalle como los pacientes han narrado parte de lo que ellos viven en su día a día, creando silenciosa y sigilosamente parte de su sintomatología y es justamente ahí donde la "gallina de la ansiedad" pone sus huevos.

Todos estos argumentos funcionan sobre todo siguiendo unas pautas muy concretas. Mantenerlo a lo largo del tiempo, con una alta intensidad y frecuencia.

Las claves para crear un NUEVO ESTADO son:

FRECUENCIA
e
INTENSIDAD

De este modo la circularidad del pensamiento, de las sensaciones y sintomatología física se consigue mucho más rápido, sea cual sea la dirección que deseemos tomar.

El poder está en nuestras manos (bueno en este caso, mejor dicho en nuestras mentes).

Por ello conocer más sobre cómo funciona la mente nos resultará de gran utilidad. Más adelante te hablaré sobre las **"ARENAS MOVEDIZAS DE LA ANSIEDAD"** y la **"TÉCNICA HOUDINI"** para arrojar más luz y claridad a las estrategias mentales que empleamos de forma inconsciente.

Y si te dijera que existen más de 9 tipos de ansiedad

¿Te lo creerías?

Te dejo a continuación con los diferentes tipos de *"gallinas ansiosas"* con las que puedes encontrarte. Un tanto peculiares y particulares.

¡LA DE COSAS QUE VAS A DESCUBRIR!

¡ESTO ES COMO BUSCAR EN EL
ARMARIO DE MI ABUELA!

3. COBARDE GALLINA, CAPITÁN DE LAS SARDINAS

Recuerdo, como si fuera ayer, cuando me faltaba valor y fuerza para enfrentarme a situaciones en las que no era muy diestra y la frasecita de "**Cobarde Gallina, Capitán de las Sardinas**" asaltaba mi mente.

Aquellas palabras inundaban mi cabecita afectándome de tal manera que todo mi poder personal se desvanecía al resonar ese mantra mental en mí.

Con el tiempo comprendí que esto no va de cobardes ni de gallinas. Y que padecer ansiedad no es de flojos, ni lloricas, ni nenazas. La ansiedad no distingue entre sexos, razas, edad, nivel cultural, económico, o condición sexual.

Aunque quizás sí exista una característica que muchos comparten y es:

El NIVEL DE EXIGENCIA y de PERFECCIONISMO.

Ese punto en el que necesitas que las cosas estén bien hechas (criterio un tanto subjetivo si nos ponemos a pensar, claro).

No digo que a los demás les importe un pimiento el resultado, pero sí que es cierto que el ANSIOSO, tiene un puntito que llega a ser en ocasiones un pelín obsesivo. Tanto es así que comienza a acelerarse como si llevara un cohete dentro sin freno.

Y una cosa es tener energía, implicarte, chutarte de vida y otra cosa es pasarse de frenada.

Precisamente saber gestionar ese punto, es la clave. Es como hacer un entrecot al punto, ni muy hecho, ni muy crudo.

Para alcanzar ese punto, es necesario conocerse, atenderse, mirarse por dentro, descubrirse, que dicho sea de paso, en ocasiones somos como un jardín inexplorado. No tenemos ni idea si plantamos patatas o unos rosales. Bueno, vamos a dejarnos de jardinería, que ese no es mi fuerte.

En este capítulo exploraremos un poquito sobre la tipología ansiosa y las diferentes formas de llevar y vivir la ansiedad. Una categorización realizada por los mismos pacientes.

Lo que comparto contigo a continuación está basado en los testimonios de pacientes que atiendo en consulta y que quizás reflejen un sentir común con otras personas. La intención no es que te identifiques (que lo mismo resuena alguna historia contigo) sino que también puedas encontrar tus diferencias, tus discrepancias y al mismo tiempo tus conclusiones, tus ¡ajás!, tu darte cuenta...

Entre los diferentes tipos de ansiedad encontrarás:

- **La perfeccionista**

- **La controladora**

- **El ansia viva**

- **La ninja**

- **La veleta**

- **La rencorosa**

- **La dependiente**

- **La temerosa**

- **La melancólica**

No pretende ser una clasificación excluyente puesto que es posible identificarse con varias de ellas. Tampoco es una clasificación validada empírica ni científicamente. Es la forma en la que pacientes a los que he atendido, han etiquetado y denominado a su propia ansiedad.

Asemejado posteriormente, la mente pensante; a un corral, y los pensamientos ansiosos; a esas gallinas cacareando todo el tiempo, lo cierto es ¡que no paran! y te taladran la cabeza.

LA ANSIEDAD PERFECCIONISTA

Cuando la sensación y los pensamientos de CULPA te atormentan todo el día, vivir es un infierno.

Te acosan pensamientos y sensaciones de culpa por no hacerlo bien, por no hacerlo como tendría que ser.

El tiempo transcurre bajo el miedo a la equivocación, es una sensación que te acecha todo el tiempo, está ahí, al girar la esquina, al hablar con tu hijo, al hablar con tu ex, con tus hermanos, con los padres del cole... constantemente con la incertidumbre de si lo que estoy haciendo, será lo correcto.

Me asaltan las mismas dudas que tenía de pequeño. Por aquel entonces era muy difícil tener contentos a mis padres y satisfacer sus expectativas. No paraba de cuestionarme sobre aquello que les haría sentirse orgullosos de mí.

Siento que TODO lo hago mal.

Es que encima voy al trabajo y siento que no llego a TODO, que no puedo hacer todo lo que me piden y eso, ya es la gota que colma el vaso. La desesperación máxima. Creo que NUNCA saldré de esta. No puedo librarme de esta CULPA. Si tomo medicación me siento culpable por no poder hacerlo solo. Si me pongo un audio para relajarme me siento mal porque pienso que, qué tipo de persona soy que no puedo hacerlo por mí mismo.

¡Así con todo! Me siento un inútil y encima me siento culpable porque ahora mi vida tendría que ser perfecta, porque lo tengo todo, todo.

¿En qué me estoy equivocando?

LA ANSIEDAD CONTROLADORA

Se alimenta del deseo de controlar más cosas de las que puedes abarcar, más allá de lo que depende de ti.

Te das cuenta de que los demás comienzan a comportarse de un modo que a ti, no te parece normal. Es que no hacen bien las cosas, y eso fastidia.

Siempre he tratado de ser la hija modelo, que nunca ha dado problemas, que siempre ha estado ahí, ayudando y ahora... mi hermano hace su vida pasando olímpicamente de mí, de lo que yo quiero, de lo que necesito. Es tan egoísta....

Mis miedos aumentan cuando veo que soy yo la que tengo que ocuparme de todo, que sin mí todo esto no funcionaría, que si no estuviera yo organizándoles la vida, qué sería de ellos...

Aparecen los miedos a que los demás enfermen, a que les pase algo y eso todavía me acelera más el corazón. No se dan cuenta del peligro y yo quiero avisarles, quiero advertirles y parece que todo esto se escapa de mis manos y me angustia, me acelera, me pone triste.

Nadie me comprende.

¿No ven lo que yo veo?

Van a acabar mal, y ese es mi miedo. Voy a tener que ocuparme de todo, ¡¡yo SOLA!! Es demasiado para mí, me estoy angustiando, el estrés es demasiado intenso, tanto que ya tengo ansiedad.

¡¡Encima, ahora esto!!

EL ANSIA VIVA

Esto tendría que estar hecho para antes de ayer, porque si no, no me va a dar tiempo.

Hay que darse prisa, porque tengo que dar la talla. Tengo que demostrar que sí que puedo.

Voy acelerado a todos los sitios, como una motoreta. Hablo rápido, ando rápido, como rápido, duermo rápido, respiro rápido, compro rápido... ¿qué si tengo prisa?, no, pero soy así.

Vivo acelerado por dentro y no sé por qué.

Empecé a ponerme nervioso poco a poco, y aquí estoy hoy, con un huracán dentro de mí, uno de esos de fuerza máxima que ya no puedo controlar.

Sí que es cierto que hace unos años mi cuerpo me dio un aviso importante, en concreto la psoriasis, pero no tenía tiempo para tonterías, eso era un picor sin más. Me despreocupé de mi cuerpo y bueno hoy en día, eso sigue ahí, no sé porqué vino, ni la ansiedad tampoco.

Poco a poco me fui acelerando.

Solo sé que voy como pollo sin cabeza. Tengo un ansia dentro... se me pone un nudo en el pecho que es demasiado. Una presión, que no sé si me va a salir un alíen de ahí dentro. Pero... es mortal. Y ya lo de la visión borrosa, los mareos y toda la pesca ni te cuento.

Solo quiero que se me vaya esto YA, que NO TENGO TIEMPO, así que si puede ser rapidito, mejor que mejor.

LA ANSIEDAD NINJA

Un buen día te das cuenta de que no puedes respirar, que no sabes qué narices te pasa, que estás, pero no estás.

Haces como que no pasa nada, tratas de hacer tu vida normal, porque todo está en orden. El trabajo con el agobio normal. Y ahora además me estoy haciendo una casa...

Una casa en la que bueno, es mi novia la que lo está eligiendo todo, pero no pasa nada.

Bueno también me ha dicho que tendría que dedicarle más horas a la casa, porque quiere que vaya rapidito, resulta que quiere casarse.

Que de momento ya le he dicho que poco a poco, porque ha sido pensar en eso y ¡uffff qué agobiaco!

¡Encima va y me dice que quiere tener niños pronto! ¡¡Yo alucino!!

Bueno total que los baños, como ella quiera, los suelos a mí me dan igual, los elije ella, que total, es suelo para pisar... faltan por venir los fontaneros, menos mal que de eso ella no entiende, porque encima es que sabe de todo.

Y lo cierto es que ya no me queda tiempo para salir con los amigos, porque entre ir a elegir los azulejos, los sanitarios y en breve los muebles....

No sé qué me pasa, pero me está entrando un agobio...

Pero no sé porqué, porque tampoco tengo motivos para estar así ¿no?

Que ¿desde cuándo me pasa? Pues desde que tengo novia, pero a ver que no creo que sea por su culpa, aunque ella cree que sí.

Desde que estoy con ella me noto como una sensación de presión en el pecho, de no poder respirar, se me han ido las ganas de todo, de salir con los amigos como hacía antes, de hacer deporte...

Y parece que mi novia ahora ya no me presiona tanto, ahora que me ve así de chungo. Menos mal.

Aún así no entiendo por qué me pasa esto así, sin venir a cuento, en este momento de mi vida. Con lo tranquilo que yo estaba...

¿Tú crees que es por ella?

LA ANSIEDAD VELETA

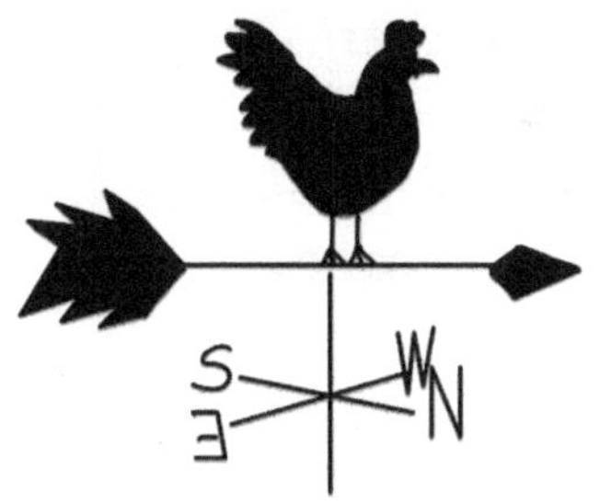

Estaba yo tan normal, tan tranquila… y se me cruzó un cable y ya me puse….. ¡hecha un cisco!

Me empezó a dar una calentura por aquí, por todo el pecho, por la garganta, se me pusieron unos nervios por todo el cuerpo… que no sé lo que me pasó.

Todo esto ¿por qué?…. pues porque no hicimos lo que yo quería. Ya sé que suena un poco raro, como si fuera una rabieta, pero es que no lo puedo controlar.

Es algo superior a mí, me llevan la contraria y… uffff no veas cómo me pongo, ¡como una mona! De 0 a 100 en un segundo.

Pero sí que es cierto que a veces me veo como una niña caprichosa, incluso me lo han llegado a decir, pero es que no puedo cambiarlo. A veces me cuesta controlarlo y serenarme.

¿Qué puedo hacer para calmar
estos cambios de humor?

LA ANSIEDAD RENCOROSA

Rencorosa porque parece que no olvida, es como si me hubiese estado guardando durante todo este tiempo el sufrimiento y el dolor por lo que viví cuando era niña.

Viene ahora esta ansiedad y me fastidia todos mis planes.

Desde hace más de 20 años que no había vuelto a pensar en ello. Hoy me doy cuenta del palo que supuso perder a mi madre. Hoy, que me planteo ser madre yo también. Las frases escritas en mi mente que ella tanto repetía recorren todo mi cuerpo, me estremecen y me hacen llorar día tras día, noche tras noche.

Lo que viví fue tan doloroso, que de algún modo siento que no estuve a la altura, que no supe hacer las cosas bien, pero de eso ya hace tanto…. Han pasado más de 20 años, ¡¡cómo es posible!!

Yo que tenía una vida normal. Salía con mis amigos de fiesta, me iba de discotecas, fiestas de pijamas… y ahora, ¡mírame! ¡No me reconozco!

¿Quién soy? ¿Dónde está mi fuerza? ¡La he perdido toda! Estoy llorando por los rincones, con una ansiedad… que no me deja vivir.

Ahora que decido ser madre me viene todo esto. Pienso en todo lo que no viviré a su lado, en todos los consejos que ya no podrá darme de madre a hija para con su nieta. Es como si una parte de mí no se hubiese despedido de ella. Como si todavía viviera en aquel momento mi mente. En aquel accidente. Si hubiera hecho las cosas diferentes….

LA ANSIEDAD DEPENDIENTE

Es que no sé si puedo vivir sin él. NO PUEDO, es superior a mí.

Es una sensación extraña. NO PUEDO vivir sin él, pero con él tampoco. Eso me acelera, me pone nerviosa, tanto es así que me dan unos ataques de ansiedad, comienzo a hiperventilar… tanto es así que a veces amenazo con suicidarme.

Aunque en realidad no lo voy a hacer nunca, pero es que ya no sé qué hacer para que me quieran, no creo que sea tan difícil entenderme.

Solo necesito cariño.

No necesito nada más que me quieran, solo eso. Que me comprendan, que me den amor. No creo que sea tan difícil ¿verdad que no?

No sé si me estoy volviendo loca o me lo parece, porque mira que mi madre ya me lo decía. Que o la volvía loca a ella o me volvía yo, no sé si a este paso va a tener razón.

Porque incluso a veces mi novio me lo dice, que me estoy volviendo loca. No entiendo por qué me dice eso si sabe el miedo que me da.

¿Tú crees que me estoy volviendo loca?

LA ANSIEDAD TEMEROSA

He de confesarte algo. Tengo miedo, ya no sé si esto es ansiedad o qué es, solo sé, que tengo miedo. Miedo a morir y mucho, además. Ya desde pequeña tenía miedo a la muerte, porque vivía en un pueblecito donde el velatorio por aquel entonces tenía lugar en casa.

A mí eso me impactaba mucho, porque estaba ahí el cadáver y ufff... era tan desagradable... no sé si desde entonces estoy un poco traumatizada, la verdad.

Pienso en eso constantemente y me da una ansiedad...

Encima la gente me dice que no puedo estar todo el día pensando en eso, que me va a dar un infarto a este paso, ya lo que me faltaba para aumentar mi miedo, escuchar ese tipo de comentarios.

¿Tú crees que por pensar esto, me voy morir?

Porque yo creo que sí, aunque cuando estoy tranquila pienso que lo dicen para asustarme y que cambie. Pero es que yo no sé cómo hacerlo.

¡Qué más quisiera, pero no puedo!

LA ANSIEDAD MELANCÓLICA

Me doy cuenta de que mi ansiedad era una forma de llorar por dentro. De reclamar lo que no tuve, como ese lamento interno, por lo no vivido. Recuerdo a mi madre siempre con un semblante triste, depresivo, como ausente y yo sufriendo sus amenazas de suicidio, su dolor, su melancolía...

¿Y yo qué? ¿Quién cuidaba de mí?

¡Nadie! Ella no estaba bien y yo tenía que estar pendiente de una adulta ¡Pero estamos locos o qué! Y mi padre hacía lo que podía, pidiéndome que no le diese ningún disgusto a mamá, por si acaso cometía una locura.
Siempre he necesitado a alguien a mi lado, que me hiciese sentir que no estoy sola, ahora puedo entender el porqué, con este sentimiento de abandono e incomprensión que habita en mí.

Vamos a tomar un momento para reflexionar sobre estos testimonios y de este modo aumentar la conciencia sobre aspectos importantes a tener en cuenta en el ámbito de la ansiedad.

Al leer estas historias, es posible, que te hayas identificado con alguna de ellas (o parte), o incluso con varias, porque a veces tenemos un poquito de todo, como es normal.

Te dejo ahora con **un corral gallináceo** muy especial, en el que observarás los diferentes tipos de ansiedad, materializados en gallinas, y que cada gallina (representando ese conjunto de pensamientos) es un mundo, como diferentes son las manifestaciones que experimentamos y vivimos en la ansiedad.

Y tú ¿con cuál te identificas?

CORRAL GALLINÁCEO.

Encuentra la gallina que habita en tu mente

Te invito a reflexionar sobre las historias que te acabo de contar...

¿Hay algo de lo que tomes **conciencia sobre tu ANSIEDAD**?

____

____

____

____

____

¿De qué se trata?

____

____

____

____

____

¿Cómo es el **lenguaje que empleas** cuando eres presa de **un estado ansioso**? ¿Qué palabras son las que más te repites?

____

____

____

____

____

¿En qué dirías que se está **enfocando "la mente ansiosa"**? ¿En el pasado, en el futuro, en el presente? ¿En lo positivo, en lo negativo?

____

____

____

____

____

¿Qué significado le damos a lo que vivimos cuando nos enfocamos en la ansiedad? ¿Lo vives como una tragedia, como una oportunidad...?

____

____

____

____

____

¿Cuál es la **tendencia de acción**, la conducta o comportamiento bajo los efectos de la ansiedad? (Huir, reprimir, quejarse, dormir, autocastigarse, autoculparse...)

____

____

____

____

____

¿Dónde nos conduce **repetir el mismo comporta-miento** una y otra vez?

____

____

____

____

____

¿Dónde crees que aprendiste a tratarte de ese modo, a pensar o hablarte así? (Desde pequeño, a raíz de algún incidente, tras una relación de pareja....)

____

____

____

____

____

¿Qué es lo **que has intentado** hasta ahora? ¿Te ha funcionado?

____

____

____

____

____

¿Qué es lo que crees **que necesitas**?

____

____

____

____

Ya habrás visto que todos los tipos de ansiedad tienen de todo un poco. **Un poco de culpa, de tristeza, de miedo, de angustia...**

No deja de ser ansiedad con orígenes diferentes, causas y motivos distintos. Porque así somos las personas cada una de nuestra madre y padre.

Con los testimonios que hemos visto, podemos señalar que existen ciertas necesidades en cuanto al manejo de:

El miedo
La incertidumbre
La culpa
La crítica
La desaprobación
La tensión
La responsabilidad

Por ello sería de gran ayuda tener herramientas para:

Aumentar la seguridad en uno mismo
La confianza
Aprender a valorarse, quererse, aceptarse
Conectar con uno mismo
La autocompasión, comprensión

Herramientas que aprendemos a gestionar correctamente de un modo sencillo y automatizado cuando abordamos y trabajamos nuestra historia vital.

El trabajo con la historia personal, con los eventos que nos han marcado o traumatizado, nos permite disfrutar de un equilibrio que aporta claridad, serenidad y confianza para seguir indagando y desactivando todas esas emociones que detonan estados alterados del ser.

Recuerdo en **el programa CALMA 3C,** a un asistente que alucinaba con todo lo que estaba descubriendo de su vida, de la ansiedad, de sus patrones, creencias y la influencia que todo ello había ejercido en su historia.

Sus palabras fueron: *"nunca pensé que aquello que viví de pequeño me hubiera condicionado de por vida"*

Lo cierto es que no somos conscientes de la capacidad de la mente para acomodarse y adaptarse a las circunstancias que vivimos, sean cuales sean estas.

El CEREBRO es un órgano que nunca dejará de sorprendernos y alucinarnos.

Te confieso que soy una apasionada de la NEUROPLASTICIDAD CEREBRAL, por ello que no me canso de seguir estudiando e investigando de qué forma podemos transformar todo aquello que en un momento de nuestras vidas nos condicionó tanto, de un modo sencillo, rápido, efectivo y duradero a largo plazo.

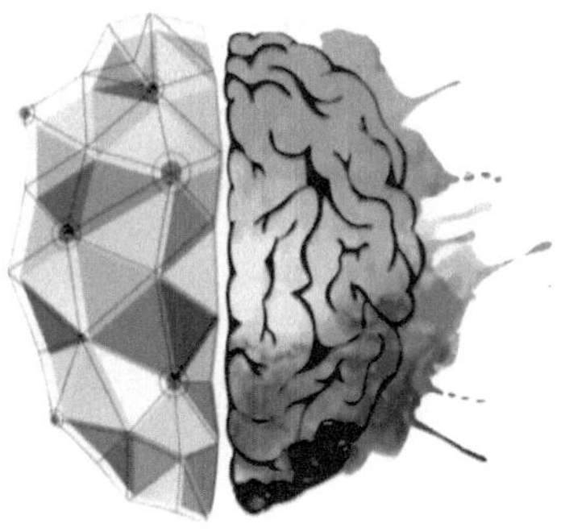

Cuanto más integremos y sanemos nuestro caos particular nos encontraremos en mejor disposición de amar nuestra vida.

Segunda parte

LA AUTOPSIA DE LA GALLINA

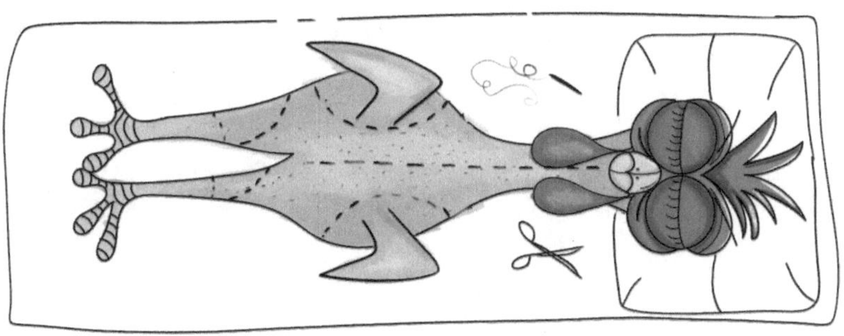

4. COMO POLLO SIN CABEZA

Fijo que conoces a alguien que va a toda mecha por la vida, así en plan con prisa, urgencia, acelerado, estresado, con la lengua fuera, en definitiva, como pollo sin cabeza. Lo mejor de todo ¿sabes qué es?, que cuando le preguntas porqué va con tanta prisa te contesta – "pues no lo sé, es la costumbre"

Pero ¡¡¡Cómo que la C O S T U M B R E!!!

Estamos tan acostumbrados a ir acelerados, con ese "no sé qué" metido en el cuerpo, que nos desatendemos por completo, llegando a ser auténticos desconocidos de nuestras propias vidas.

¿Qué sería de nosotros sin cabeza?

Bueno igual más de uno ni lo notaba, je je je, pero está claro que es una parte del cuerpo sin la que no se puede vivir. Y por otro lado también es esa parte del cuerpo que en ocasiones no nos deja vivir.

Analicemos en este capítulo los pensamientos que pasan por la cabeza de un ansioso.

Para ello emplearé una analogía de los pensamientos e ideas ansiosas que rondan nuestra mente a una gallina que no para de cacarear.

Lo cierto es que la "gallina ansiosa" adopta muchas formas y se enfunda en plumajes de todo tipo, es camaleónica como ya has podido comprobar.

A continuación, te muestro el canto de alguna de ellas, si no encuentras tu melodía particular no quiere decir nada, tan solo que el libro no daba para hablar de todos los estilos musicales.

Con todo mi cariño y mi respeto te invito a tomarte un descanso de esos pensamientos tan sesudos que tiené tu mente pensante, para poder tomar distancia y verlos con perspectiva, tratando de ironizar, dándole un punto divertido y cómico a nuestro drama particular, ¿te animas? Y si de paso nos echamos unas risas… ¡pues genial!

Dicen, que la risa es el mejor antídoto para el miedo, para el enfado, la tristeza… ¿Lo probamos?

Estas son algunas melodías y cacareos de nuestras gallinas mentales:

- NO VOY A PODER.

  Porque seamos sinceros se supone que tenemos que poder con todo, que para eso están nuestros súper poderes, volamos con capa y tenemos la capacidad de convertir el agua en fuego.

- ES CULPA MIA.

  Visto así…con este tipo de pensamiento el tema está un pelín chungo porque si asumimos que esto es así… tendremos que cargar con una mochila bien pesada. De que mi amiga esté enfadada, de que mi hijo llore, de que haga frío en invierno y calor en verano, de que suban el IVA, la gasolina, de las epidemias (total ya puestos).

- ESTO ES UN SINVIVIR

  Está claro que lo que es un sinvivir, es no vivir en el presente. Entre pensar en lo que ha pasado y en lo que va a suceder, la vida ya no me da más de sí.

- ## ~~NO LO PUEDO CONTROLAR.~~

Que conste que tenemos que controlarlo todo y claro yo que soy cinturón negro en esto de controlar la vida de los demás y conseguir que todos hagan lo que yo quiero, estoy por hacerme el líder de una secta y que todos me den sus ahorros, ¿cómo no se me había ocurrido antes...?

- ## ~~NO VOY A SER CAPAZ.~~

¿Capaz de qué? Pues de cualquier cosa, porque se supone que tenemos que poder con todo, superarlo todo, ser valientes, ser fuertes, no llorar, ser invencibles, no rendirnos, no sufrir.... Vamos, en definitiva, tenemos que ser robots.

- ## ~~Y SI RESULTA QUE~~

Un pensamiento muy de imaginar los peores escenarios, porque ya puestos a imaginar, pues para qué emplearlo a nuestro favor. Nos ponemos a imaginar las peores consecuencias y los escenarios más dramáticos y lo mismo nos contrata "Stephen King", ¡quién sabe!

- ## ~~ME VOY A VOLVER LOCA.~~

Porque como ya sé lo que es la locura y se le debe parecer mucho a esto de pensar....

Sabiendo que el 99.9 % de la población también piensa... ¿significará eso que también ellos están locos?

- ME VA A DAR ~~UN INFARTO~~

Y yo de eso sé mucho, que ya me han dado 27 y sé de lo que hablo. Estoy por quedarme a vivir en el hospital. Total una camita más aquí, ¡quién lo iba a notar, con la de gente que hay! Además me suele dar un infarto cada día… aunque ellos lo llaman ANSIEDAD, no tienen ni idea, no sé donde se han sacado la carrera de medicina.

- DE ESTA ~~NO SALGO~~

Básicamente porque cuando entro en algún sitio, tengo la costumbre de no salir. Aquí estoy en la tripa de mi madre todavía. Que me da a mí, que eso de salir debe ser una liada. Así que lo mismo me quedo aquí, al menos se está calentito, hay comida y no tengo que hacer nada...

- NO SÉ CÓMO HE LLEGADO HASTA AQUÍ.

Lo cierto es que esa frase la decía mucho cuando me dormía en el coche, cuando viajaba con mis padres. ¿Igual tendré que abrir bien los ojos y poner más atención a lo que hago?

- MI MENTE SE ACELERA Y TIENE VIDA PROPIA.

¡Un día de estos le hago las maletas y se las dejo en la puerta, porque no veas cómo me tiene el piso! ¡Patas arriba!

- ## QUÉ HE HECHO YO PARA MERECERME ESTO...

Porque claro, esto de la ansiedad solo le pasa a la gente mala, a la gente cruel. Lo que no sé, es donde hacen el casting para decidir quien pasa y quien no. Ese día me debí de coger vacaciones de mí misma y eligieron por mí, porque si no, no lo entiendo.

- ## MI VIDA ES UNA MIERDA.

Claro que sí, total, solo vivo bajo un techo que me da cobijo, con agua, con luz, con comida en la nevera, con una cama donde dormir, ropa que ponerme cada día, gente que se preocupa por mi... Sin duda alguna mi vida es una caca.

Estoy por comprar un ambientador, que no sé si lo mejorará o lo empeorará. Aunque hoy en día, todo sea dicho de paso, hay unos ambientadores que son la pera limonera.

- **YA NADA VOLVERÁ A SER COMO ANTES.**

Y mira que eso me fastidia, porque lo de llevar pañales y chupete tenía su puntazo, aunque lo de que te cogieran en brazos era lo mejor del mundo. Qué cosas tiene esto de crecer y continuar avanzando. Aún será cierto que nada puede volver a ser como antes.... ¿quedaría raro si ahora con 40 llevase chupete verdad? Esto de crecer y avanzar es lo que tiene.

- **TENGO MUCHOS PENSAMIENTOS NEGATIVOS Y FEOS.**

¡¡Es que los bonitos y positivos no estaban de oferta y además no veas dónde los habían puesto!!¡Ni más ni menos que en el estante de arriba, ahí no llego ni de puntillas! ¡¡Qué barbaridad!!

Y así un largo etcétera de pensamientos negativos que podemos llegar a tener en tan poco tiempo, y la influencia que tienen todos ellos en nuestras vidas, vaya telaaaaaa.

¡¡En ocasiones llevamos tanto tiempo con el mismo discurso que ya no somos conscientes de todos los pensamientos que rondan nuestra mente, que dicho sea de paso, son un puñado!! Da fatiga solo de pensarlo.

Lo más gracioso de todo es que **al cabo del día podemos llegar a tener hasta 80.000 pensamientos** (que lo mismo hay por ahí alguien que llega a los 100.000, no digo que no), sin duda alguna una cifra nada desdeñable.

Sin nos dieran una moneda de oro por cada pensamiento… ¡estaríamos forrados!

Pregúntate ahora:

¿Cuántos de esos pensamientos son positivos?
De esos que te chutan, que te ponen "happyflower a tope de power".

¿Cuántos de esos te ponen mustios como una planta pocha, sin ganas de "na", que te desmotivan, que hasta te quitan las ganas de vivir?

Y **¿Cuántos son ni fu ni fa?**
Pensamientos tipo chubasquero, vamos que te resbalan.

Claro, para hacer la cuenta así en plan rápido, ahora ya sé que está fastidiado el asunto. Te lo pongo más fácil.

¿CUÁL ES EL PENSAMIENTO QUE MÁS SE REPITE A LO LARGO DE LA SEMANA?

(¡Ya sé que depende de la semana, así que piensa en la última, si en esta última te ha tocado la lotería pues eso que te llevas!)

____

____

____

____

Y ese pensamiento ¿es de los chachis o de los chungos?

Sea como sea, quiero compartir una reflexión que les hago a mis pacientes en consulta que considero muy gráfico, para ilustrar la forma en la que podemos llegar a descuidar nuestro mundo mental.

"Si has ido al súper a comprar alguna vez (que imagino que sí) te habrás fijado que hay gente que suele mirar la fecha de caducidad (si eres uno de ellos, bienvenido al club) y coge aquel producto que caduca más tarde (es lo habitual si no vas a comértelo pronto).

Es más, los hay incluso que les gusta coger el producto de atrás del todo, sobre todo en la zona de los refrigerados, por aquello de que está más fresco y mejor conservado.

Los hay que cuando compran frutas desechan aquellas piezas que no están en buen estado, aquella mustia y pocha, con algún golpecito.

La que lleva moho y pelito verde, esa ya ni te digo. ¡Qué tiquismiquis!, podríamos pensar.

Cómo miman, cuidan y seleccionan todo lo que van a poner en sus carros, que luego llevarán a sus casas, pondrán en sus armarios y cocinarán ¿verdad?

Y ¿no te parece paradójico que cuidando tanto lo que comen, que los hay que incluso saben leer el etiquetado y desechan todo aquello que es artificial, o cancerígeno, luego no tengan ningún rigor o criterio tan estricto o sibarita para ¡¡PENSAR!!?

Así sin criterio alguno, aleee, vengaaa, lo primero que pase por la mente de eso, por favor póngame 5 kilos.

¡¡¡Que está pocho y mustio… da igual!!!

¡¡Mi mente lo aguanta todo!!

¡¡¡Faltaría más, está a prueba de bombas!!!"

Menuda BOMBA MENTAL nos estamos llevando para el cuerpo cada día ¿no te parece?

Así funcionamos, ni seleccionamos, ni mimamos, ni cuidamos lo que pensamos. No nos dedicamos ese tiempo tan importante y necesario como cuando hacemos la compra. Y luego pasa lo que pasa.

"Se nos pone a cacarear la gallina a diestro y siniestro."

Pero lo más gracioso de todo no es que no seleccionemos, mimemos, o descuidemos.

Lo más gracioso de todo es que encima, nuestra mente

¡¡NO DIFERENCIA LO QUE ES REAL DE LO QUE ES IMAGINADO!!

Sí, sí, es decir, que la mente asume los pensamientos como realidades absolutas y certeras.

Seguro que habrás visto en alguna ocasión (y si no te lo cuento ahora) un experimento de esos que le ponen al paciente electrodos por toda la cabeza para medir y registrar su actividad cerebral. Mientras le pide que imagine situaciones, como jugar a béisbol, lanzar a canasta, leer un libro… se iluminan en la pantalla las mismas áreas cerebrales que cuando la persona está realizando el hecho o actividad en sí.

Así pues, podemos concluir que cuando estamos pensando (o lo que es lo mismo, tu gallina cacareando) la mente asume como real eso que imaginamos, visualizamos o pensamos. Eso para lo que no hemos puesto filtro, ni hemos seleccionado con mimo, ni han pasado los criterios de calidad.

Con todo lo que ello conlleva, te puedes imaginar, la activación corporal, emociones, sensaciones… es como un efecto dominó. Y es que, cuando haces POP ya no hay STOP.

Y ¿De dónde narices vienen todos estos pensamientos?

Ni vienen de París, ni los trae una cigüeña.
Vienen de las CREENCIAS

Desde que somos pequeñitos, cuando todavía no sabemos ni hablar, ni de qué va esto de la vida, crecemos en un entorno familiar con unas creencias, valores, principios, normas, sobre lo que es el mundo, lo que somos nosotros, lo que son los otros... enseñándonos de qué va esto de la vida.

Van reforzando aquello que nos han contado, con hechos. Y poco a poco vamos creyendo y asumiendo eso, como la realidad.

Pasa el tiempo y se afianzan todas esas palabras, pensamientos y creencias como parte de nuestra identidad, de quienes somos.

Al salir del cascarón llevamos ya una inercia en nuestro ser que nos impulsa y empuja a vivir de acuerdo a lo establecido, a las normas, principios y valores de los nuestros.

Sales ahí fuera, al mundo y comienzas a relacionarte con otros, que pueden reforzar todo aquello que ya creías sobre ti mismo o te inducen a pensar de un modo diferente.

El proceso de maduración de estas nuevas ideas o creencias seguirán el mismo proceso de maduración que cuando éramos niños, hasta que se conviertan en las nuevas CREENCIAS.

Crecemos, pasan los años, las experiencias, las vivencias y con ello, todo el entramado de creencias que han ido entretejiendo a esa gallina que cacarea dentro de cada uno de forma particular, configurando parte de quien tú eres, de tu personalidad, de tu esencia.

Las creencias dan forma a nuestras vidas y nos las repetimos tanto... que acabamos creyéndonoslas.

Tengamos en cuenta que las creencias preceden a nuestros pensamientos y estos a su vez a nuestros comportamientos, con todo lo que ello conlleva.

Te dejo un momentito para reflexionar y preguntarte:

¿Cuáles SON TUS CREENCIAS? Sobre ti, sobre los demás, sobre el mundo...

____

____

____

____

____

¿Qué es aquello **que crees sobre ti**, de forma inequívoca?

Soy......

____

____

____

____

____

¿Cuál fue **la primera vez que creíste eso** sobre ti?

____

____

____

____

____

¿Cómo es vivir con esa creencia? ¿Crees que **te perjudica esa creencia** de algún modo? ¿De qué modo lo hace?

____

____

____

____

____

¿Crees que **te beneficia esa creencia**? ¿De qué forma lo hace?

____

____

____

____

____

¿Cómo sería **tu vida sin esa creencia limitante**, que te bloquea o impide alcanzar aquello que deseas?

____

____

____

____

____

¿Qué serías capaz de conseguir? ¿Merece la pena trabajar en ello? ¿Cómo vas hacerlo?

____

____

____

____

____

¿Sabías que yo puedo ayudarte en el trabajo con las creencias de una forma rápida y sencilla?

Lo llamo "**hacer la digestión mental**". Una digestión de todo lo que llevamos en nuestra cabecita que llega a condicionar nuestras vidas sobremanera.

Para ello el EMDR es un abordaje ideal, consiguiendo integrar en las redes neurológicas toda la información disfuncional que está impidiendo y obstaculizando que puedas vivir de forma plena y equilibrada.

Si quieres profundizar un poco más y estás decidido a comenzar un nuevo camino, entra en mi página web y descubre cómo podemos trabajar juntos y alcanzar tus objetivos.

 **www.shailaromero.com**

 **info@shailaromero.com**

5. AQUÍ HUELE A GALLINA

"Aquí huele a miedo", *"se masca la tragedia cuando se acerca a mí"*, *"se podría cortar con un cuchillo la tensión al entrar en esa habitación"*, *"me deja de piedra con esas contestaciones"*, *"me he quedado helada al escucharlo…"* son expresiones que realizamos para comunicar emociones y sensaciones de modo cinestésico. Como si las sensaciones y emociones necesitasen cuerpo para poder ser expresadas, sentidas.

Porque **¿cómo sabemos lo que sentimos?, ¿de qué modo lo concretamos y lo materializamos?**

El cuerpo nos ayuda a darle forma al verbo y también al sentir.

Por ello quiero dedicar este capítulo a investigar sobre el mundo emocional, su manifestación, su expresión y cómo lo vivimos.

¿CUALÉS SON LAS EMOCIONES Y SENSACIONES QUE INUNDAN TU VIDA CUANDO ERES PRESA DE LA ANSIEDAD?

Si me quedo con una que se repite con bastante frecuencia sería con el **MIEDO**. Aunque también la **TRISTEZA**, EL **ENFADO** o incluso la **RABIA** tienen su momento de gloria.

Emociones que podríamos considerar básicas, de las cuales surge y aparece una gran familia de Sensaciones.

En el primer capítulo compartí algo que retomaré de nuevo y es el tema de la SUPERVIVENCIA, un sentir que acciona el BOTÓN DEL PÁNICO.

EL BOTÓN DEL PÁNICO

He denominado así a una estructura cerebral denominada **AMÍGDALA**, como si fuese un botón que se activa al vivir situaciones emocionales intensas e incluso con pensamientos y creencias.

Al accionarse el BOTÓN DEL PÁNICO, se pone en marcha el plan del **SECUESTRO CEREBRAL**.

En ese plan la AMÍGDALA toma de rehén a la parte pensante, impidiendo desde ese momento relativizar, ver de forma objetiva e incluso razonar sobre lo sucedido o pensado. Las funciones mentales se ven mermadas.

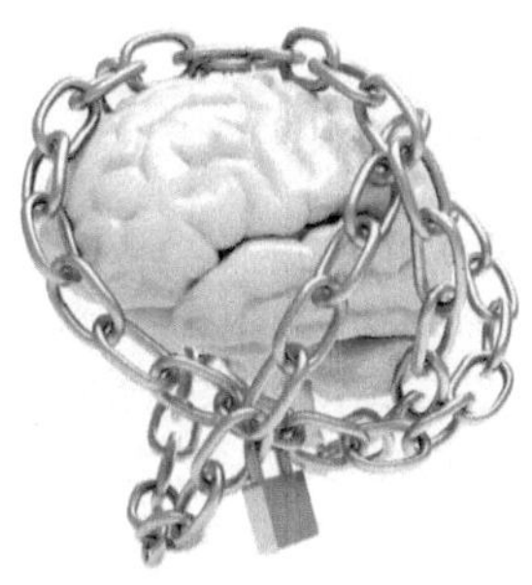

Es por ello que la neurociencia muestra que el 90% de las personas no saben razonar de forma lógica el miedo que sienten hacia sus peores temores o fantasías, puesto que la emoción ha secuestrado la parte racional.

De hecho si pudiéramos argumentar de forma lógica o mejor todavía, de forma cómica, sobre nuestros miedos, emplearíamos razonamientos del tipo:

- ### MIEDO A MAREARME

Vaya pelotazo que llevo, no sé si estoy en el crucero de "Vacaciones en el Mar" o mi cerebro ha decidido irse de festival sin aviso previo.

- ### MIEDO A DESMAYARME

Un miedo con mucho sentido ¿qué duda cabe?, porque otra cosa no, pero hoy en día te desmayas y a la mínima te ha zampado un buitre carroñero. Ya no queda gente que te socorra y te auxilie en un momento de necesidad.

- ### MIEDO A NO PODER TRAGAR

Sin duda un miedo muy típico en personas con un funcionamiento correcto de la garganta. Es como pensar que tienes piojos y que te pica la cabeza… y sí o sí te acabas rascando. Mira tú por donde con lo de tragar me pasa algo similar, pienso en que no puedo tragar y que me voy ahogar… y es como un reloj suizo. No falla.

- ### MIEDO A MORIR.

Este miedo me ha salvado la vida. Bueno en realidad no sé si me la ha salvado, o me está apartando de vivir la vida, pero bueno, ahí lo tengo.

Soy consciente de que todos vamos a morir un día, el resto estaremos vivos.

Recuerdo cuando mi abuelo con 83 años, me decía cada vez que lo veía "hija mía estoy muy mal, me voy a morir" (se pasó así 4 años de su vida) ante lo cual pensaba, un día acertará seguro, pero el resto seguirá vivo.

¿Y qué es lo que hacemos el resto de los días que estamos vivos? Pues lo que hace cualquiera, pensar en morir, ¡¡qué vamos hacer!!

Porque uno tiene que estar en todo, tiene que tenerlo todo planificado y controlado, si no ¿qué forma de morir es esa?… así sin avisar.

¿Y si ese día no me va bien? ¿Y si justo ese día era en el que me llegaba el paquete de Amazon? O era el día que me tocaba dermatólogo tras 3 años de espera.

Todo un fastidio, ¡¡qué panorama!!

Así que mientras tanto creo que lo mejor es seguir teniendo miedo a morir por aquello de estar preparado.

No sé si me perderé muchas cosas de la vida con tanta preocupación, pero no importa, habré pasado mi vida preparándome para morir, que al fin y al cabo es lo importante de la vida.

- ## MIEDO A DORMIR.

Como tienes miedo a quedarte dormido y perder el control de tus propios actos y hacer algo horrible como autoasfixiarte, consideras que es mejor quedarse despierta para vigilarte, por si acaso, y de ahí el miedo a dormir.

- ## MIEDO AL MIEDO

Cuando tienes miedo al monstruo que hay dentro del armario, pero nunca te atreves a mirar dentro, sucede que el miedo aumenta y comienzas a tener miedo de tus propios miedos, de tus propias fantasías.

Es así como nos crecen los monstruos por momentos y nuestra amiga la gallina comienza a cacarear en nuestra mente.

En cierto modo la gallina ansiosa se pone hermosa con todos estos miedos. Como en la película de Monstruos S.A., si la has visto, sabrás que los monstruos vivían gracias a los gritos de los niños a los que asustaban.

De un modo similar nuestra gallina se retroalimenta de todos esos miedos.

Es cierto que la ansiedad provoca miedo, y el miedo aumenta la ansiedad, y así nos metemos de lleno en un **círculo vicioso** del que resulta complicado salir. Es más, cuanto más intentas salir de él, más te atrapa. Como las arenas movedizas.

LAS ARENAS MOVEDIZAS
DE LA ANSIEDAD

Comienzas a sentir miedo, quieres librarte de él (*como si fuese una chaqueta vieja*) tratas de huir, de distraerte, de evitarlo y resulta que cuanto más lo intentas, más te atrapa.

No vamos a negar que en muchas ocasiones funciona, pero la trampa es precisamente esa. Que al funcionar la técnica de la distracción nunca llegamos a quedarnos a solas con el miedo. Nuestro mayor miedo es dejarnos inundar por todo ese sentir y es así como **desarrollamos miedo al mismísimo miedo.**

Pero no todo es miedo. Existe un amplio repertorio de palabras que definen nuestros sentimientos. Uno tan amplio como para llenar un diccionario, no te digo más.

La ventaja de emplear palabras que definan de forma precisa aquello que sentimos y experimentamos, es la de categorizar lo intangible, lo doloroso o lo gozoso.

Aumentando así la conciencia, ayudándonos a clarificar, focalizar e incluso resignificar lo vivido, sin caer en la trampa de la generalización del típico:

BIEN / MAL

A continuación, te invito a que explores entre las siguientes palabras aquellas sensaciones que resuenan contigo. Selecciona las que más se repitan en tu día a día, con más frecuencia (puedes rodearlas).

Amor, alegría, generosidad, tolerancia, templanza, afecto, motivación, felicidad, firmeza, fortaleza, compasión, esperanza, libertad, justicia, optimismo, satisfacción, seguridad, simpatía, cariño, aceptación, comprensión, entusiasmo, admiración, respeto, pasión, paz, placer, alivio, orgullo, empatía, compromiso, aprobación, honestidad, humildad, concentración, enérgica, vitalidad, ilusión, interés, confianza, apoyo, euforia, tristeza, melancolía, abandono, aburrimiento, amargura, agobio, asco, vergüenza, hostilidad, temor, terror, traición, miedo, fracaso, frustración, furia, rencor, rabia, preocupación, pesimismo, decepción, pena, pereza, odio, enfado, estrés, dolor, envidia, desconfianza, impotencia, inferioridad, injusticia, insatisfacción, inseguridad, intolerancia, irritación, celos, culpa, dependencia, desamparo, desánimo, desgana, desilusión, desprecio, dolor….

La Vida, al igual que la Tierra, no es plana, tiene curvas, loopings, momentos en los que vas cuesta abajo y sin frenos, tramos planos, lisos y equilibrados, así como momentos en los que la vida te pone del revés, como en una montaña rusa.

Momentos en los que estar pletórica, satisfecha, otros para aburrirse, odiar, enfadarse, así como para llorar, sufrir e incluso temer a la siguiente curva de la montaña rusa.

¿Y sabes qué?

Que todo está bien, todo es correcto tal y como lo sientes, porque todo tiene un porqué y un para qué, aunque todavía no lo hayas encontrado.

Te invito AHORA a reflexionar sobre las siguientes cuestiones:

¿Cuál o cuáles son las **sensaciones perturbadoras** que experimentas con más frecuencia?

____

____

____

____

____

¿Cuándo comenzaste a experimentar esa sensación, por leve que fuera?

____

____

____

____

____

¿Cuál crees que fue el **desencadenante**?

____

____

____

____

¿**Qué dice** esa sensación de ti?

____

____

____

____

¿Qué **necesidad** existe tras esa sensación?

____

____

____

____

Gestionar nuestras emociones y sentimientos de forma saludable nos lleva a una mayor sabiduría y brinda beneficios de por vida.

El miedo a lo que vivimos, en realidad, es miedo a las emociones.

No tememos los hechos, sino lo que nos hacen sentir.

Cuando dominamos los sentimientos, el miedo a la vida disminuye.

Al aumentar la confianza en nosotros mismos podemos asumir otros riesgos, porque ahora sentimos que podemos gestionar las consecuencias emocionales.

El temor es la base de todas las inhibiciones, el dominio del mismo implica desbloquear todas las vías de la experiencia vital que antes habíamos evitado.

Por ello la técnica estrella en la ansiedad es:

LA TÉCNICA HOUDINI

Con los años y a base de repetir patrones de conducta conseguimos depurar la **técnica del escapismo, de la evitación, de la huida, la negación y supresión.**

Y tú ¿Eres de los que practicas la técnica HOUDINI?

Hay infinidad de variantes en la práctica de esta técnica.

Los hay que huyen comiendo, y eso que la ansiedad no tiene dientes. Otros fuman en exceso, beben, consumen pornografía, compran de forma compulsiva, viven pegados al móvil (y como bien sabrás, la ansiedad no tiene manos) trabajan más horas que un reloj, hacen más deporte que los profesionales... y todo ello en un intento por escapar de todo ese mundo emocional, de todo ese mejunje que llevamos en nuestra mente y sentimos en nuestro corazón.

Muchos tenemos ese punto HOUDINI, para qué negarlo. El que no escapa por un motivo, lo hace por otro. Y con la ansiedad, ¡qué te voy a contar! Tratamos de no sentirla, de evitarla a toda costa, de huir de ella.

Tememos el silencio, incluso el de los ejercicios de meditación, esa soledad en la que nos sumimos y dónde todo puede suceder, sintiendo que nadie vendrá a rescatarnos o a salvarnos.

A consecuencia del miedo y de la culpa de mostrarnos, exponernos, o dejarnos sentir, tendemos a reprimir esas emociones llegando incluso a negar su existencia.

Reprimir es como tener en nuestro interior una olla a presión. Un día de estos acaba explotando por algún lado.

De hecho, **las emociones no expresadas**, la energía de los sentimientos bloqueados, lo no dicho, emerge, llegando a causar **somatizaciones**.

EL CUERPO MANIFIESTA LO QUE LA BOCA CALLA.

Para el cuerpo también resulta doloroso albergar todo ese sufrimiento emocional, el pesar, el miedo, la angustia… y **encuentra en las somatizaciones su válvula de escape.**

El cuerpo, nuestro vehículo de vida, ya que sin él nuestro transitar por la vida sería inviable, tendemos a olvidarlo, a obviarlo, viviéndolo como algo molesto, que nos incordia, más que como un elemento de toma de conciencia.

Poner atención a las manifestaciones corporales y a las sensaciones físicas, nos ayudaría a integrar nuestras vivencias de un modo más armónico y saludable, evitando llevarlo al extremo, al mismísimo borde del precipicio.

¡¡NO TE PARES AHORA!!

Sigamos conociendo más sobre nuestras vivencias corporales y cómo comprenderlas y entenderlas nos ayudará a disminuir los niveles de ansiedad.

Se me pone la piel de gallina solo de pensar lo que está por venir ¿y a ti?

6. PIEL DE GALLINA

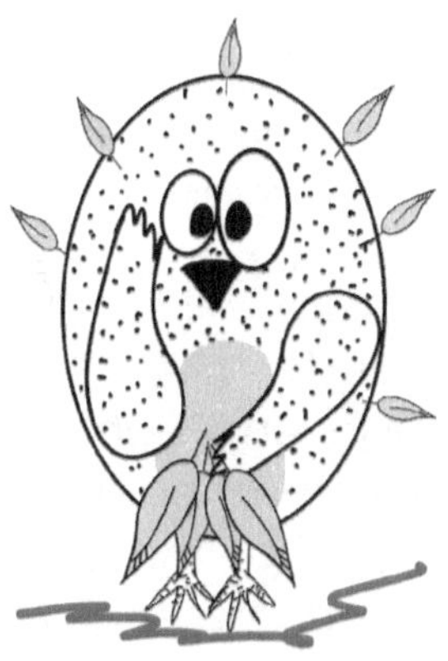

¿Recuerdas esa sensación cuando se te pone la piel de gallina, con los pelos de punta?

¿Qué es lo que despierta y activa esa sensación física?

Quizás algo que hayas vivido o experimentado en primera persona aunque también sucede cuando nos cuentan una experiencia de otra persona o al recordar algún evento del pasado.

Si te das cuenta el cuerpo codifica algo sensorial que previamente ha pasado por el filtro de la mente.

Como si la mente lo codificase y decidiese si es una vivencia en la cual todos los pelos de tu cuerpo se van a poner en pie a hacerte la ola o por el contrario va a manifestarse en el cuerpo de alguna otra forma.

Son los estímulos que percibimos y la intensidad de los mismos los que consiguen que nuestro cuerpo se exprese de un modo u otro.

En el ámbito de la ansiedad, la sintomatología física es una de las que más preocupan y asustan.

Son sensaciones molestas, incómodas que pueden llegar a entorpecer el desarrollo normal de la vida e incluso nos pueden llevar a coger la baja, con lo que ello supone en algunos casos.

Dudas, culpa, miedo del "qué dirán", "qué pensarán". Teniendo en cuenta además, que la ansiedad, al ser un estado emocional que no se ve, como puede ser una pierna escayolada, añade connotaciones sociales peyorativas.

Te mostraré a lo largo de este capítulo, cómo podemos empoderarnos de todas estas reacciones fisiológicas, llegando incluso, a comprenderlas y tenerlas de aliadas.

En el fondo, son comportamientos impulsados por el instinto de supervivencia, en un esfuerzo por recuperar la homeostasis corporal.

A continuación, te expongo de modo claro y sencillo, la sintomatología más frecuente, así como la explicación biológica que podemos darle, con la intención de ampliar la conciencia corporal de lo que experimentas bajo los efectos de la ansiedad.

**Nada es tan alarmante
cuando se descubre el origen.**

TAQUICARDIAS Y PALPITACIONES

Sientes que tu corazón empieza a latir más fuerte y rápido de lo normal sin motivo alguno, generando una sensación de miedo y temor a que pueda pasarte algo grave.

Al ser activado el botón del pánico, lo que sucede es que el organismo se prepara para la acción, para la supervivencia, ya sea huyendo, atacando o enfrentándote. Sencillamente es una reacción fisiológica al sentir la amenaza, ya sea esta real o producto de nuestra mente.

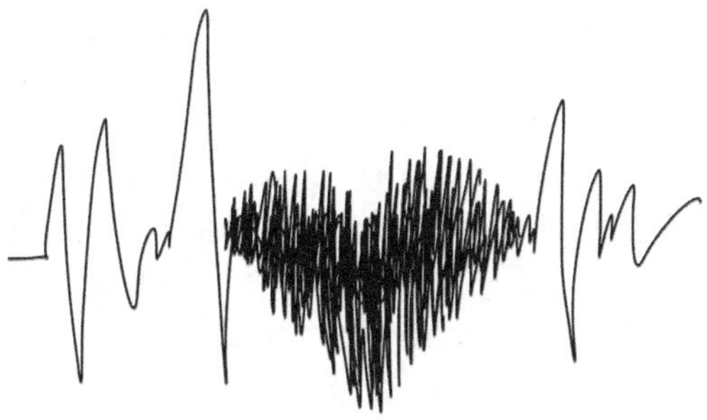

DOLOR, PINCHAZOS, QUEMAZÓN Y OPRESIÓN EN EL PECHO

Son extrañas y desagradables sensaciones que aparecen en la zona del pecho y te hacen creer que algo grave te va a ocurrir de forma inminente.

Podríamos denominarlas *"huellas físicas de las preocupaciones"*. Nos indican y muestran que en nuestra mente existe contenido mental angustiante, estresante, agobiante... Sería como esa bombillita, que se enciende en el panel de control avisándonos de que hay algo que precisa de nuestra atención, como si estuviésemos pasando por alto algo importante o hubiéramos dejado de ser coherentes. Ahora te toca a ti explorar que significa esa sensación.

SENSACIÓN DE FALTA DE AIRE

De pronto sientes que te cuesta respirar y comienza una horrible sensación de angustia. En realidad sabemos respirar todos porque es algo automático, regido por nuestro organismo, y no hace falta poner atención (si no, más de uno se quedaba azul). Así que por suerte el cuerpo solito sabe hacer esta función respiratoria.

El problema en ocasiones viene cuando queremos hacer consciente lo inconsciente, por un momento nos colapsamos y nos da la sensación que no sabemos hacerlo y vamos a ahogarnos. Aunque ya sabes que eso nunca va a suceder.

Por otro parte, también guarda relación con esa señal de SUPERVIVENCIA.

Sentimos el peligro y nuestro organismo se pone en modo bloqueo, paralización, como si quisiera guardar toda la energía para cuando pueda huir.

Déjame que te cuente cómo los animales experimentan estas sensaciones de un modo natural y todo con un sentido biológico esencial PARA NO TRAUMATIZARSE.

"Imagina en la naturaleza, en la sabana africana, a una gacela correteando y dando saltitos por el campo, tan feliz. Cuando de repente, aparece un guepardo de la nada, de entre los matorrales. Un peligro inminente que la gacela no esperaba, sin duda hoy no es su día de suerte.

En ese momento la gacela hace una evaluación de la situación en su mente:

a. Salgo corriendo de aquí, aunque creo que el guepardo tiene récord en carrera, lo que viene a ser un Usain Bolt en toda regla.

b. Me enfrento al guepardo, que total solo es un depredador entrenado para cazar presas como yo.

c. Me hago la muerta, finjo un desmayo y como el guepardo es un depredador y le gusta cazar a su propia presa lo mismo me da por muerta y pasa de mí.

¿Qué opción crees que elige
nuestra amiga la gacela?

Lo de salir corriendo no acababa de verlo porque hoy no había salido con la idea de hacer carrera, y eso que el guepardo corre rápido, pero se cansa fácilmente. Lo de enfrentarse… tampoco lo acaba de ver porque esta gacela es jovencilla y pareciese a lo lejos que el guepardo está más cachas. Así que sin duda la opción C es la mejor valorada.

Pues bien, de acuerdo a su plan, la gacela finge un desmayo (totalmente controlado), el depredador se acerca a ella, se pone sobre ella, pero parece que no le mola mucho, ya que percibe que está muerta.

El guepardo es más de cazar, así que tras un momentito decide irse, dejarle esta presa a los carroñeros.

Podríamos decir que la gacela se ha salvado gracias a su plan astuto del bloqueo, del desmayo, de fingir su muerte.

En unos segundos, cuando la gacela siente que el peligro ha desaparecido, comienza a hiperventilar, acelerando su pulso, y oxigenando de nuevo todo su cuerpo para que recobre su tono muscular. Hiperventilando, respirando superficialmente, como en un proceso de descongelación.

Y lo más curioso de todo, es que comienza a temblar todo su cuerpo. Una cadena de espasmos y temblores recorren todo su ser con una única y clara intención.

SACARSE EL TRAUMA DEL CUERPO.

Como cuando un perro mojado se saca el agua de encima moviendo su cuerpo rápidamente de un lado a otro. Del mismo modo la gacela comienza a temblar, desde las orejas hasta las pezuñas, como unas maracas, hasta que consigue ponerse en pie y salir corriendo, como si nada.

Este es el acto de triunfo que nuestra amiga ha conseguido gracias a su astucia.

Este punto es el que considero más importante de todo lo que sucede en toda esta historia. Porque gracias a que el animal comienza con los temblores, consigue EXPULSAR EL TRAUMA DEL CUERPO, y deja de darle vueltas a todo lo sucedido. Es como si se lo quitase de encima.

Sé que dirás Shaila, pero nosotros no somos gacelas, ni antílopes presas de depredadores, ya.

Sin duda la biología nos brinda las mejores respuestas en los peores momentos. De ese modo ante circunstancias en las que se activa el BOTÓN DEL PÁNICO y nuestro sistema de SUPERVIVENCIA se pone en marcha, esto es lo que sucede. La naturaleza hace de las suyas con la única finalidad de protegernos o prevenir males mayores.

Créeme cuando te digo que el CUERPO ES SABIO. Tan solo hay que saber entender e interpretar sus señales.

Te animo a que puedas interpretar tus señales físicas a partir de ahora, como esa forma que tiene tu cuerpo, la biología, para sobrevivir y salir delante de la mejor forma posible."

TEMBLORES

Esos espasmos que recorren el cuerpo los entendemos ahora como algo, incluso necesario, para procesar lo traumático y doloroso. Es más, te invito a que cuando notes esos pequeños o grandes temblores en el cuerpo (si entra dentro de tus capacidades, respetando siempre tu ritmo) no los detengas, no los interrumpas, porque es el intento del cuerpo de eliminar ese miedo, ese trauma. Al interrumpirlos constantemente, ya sea cambiando de posición o poniéndonos en pie, lo que conseguimos es que el cuerpo almacene el miedo en el sistema nervioso sin darle la salida biológica que el cuerpo necesita.

Los temblores están buscando su salida a través de las extremidades, es como si hubiesen encontrado el cartel de "EXIT" y con nuestros movimientos conscientes desde el miedo (cambio de postura, saltos, estiramientos varios), les cortásemos el paso desviándolos de nuevo hacia el interior del cuerpo.

No se darán por vencidos y volverán a hacer su aparición tantas veces como consideren oportuno.

HIPERVENTILACIÓN

Tu ritmo respiratorio aumenta a la vez que sientes que te cuesta coger aire (es como un círculo vicioso), y te angustia. Es entonces cuando comienzas a respirar más y más rápido ante el miedo de que se acabe el oxígeno en la Tierra, consiguiendo que tú respiración, se torne más y más superficial, dando lugar a una sensación de dificultad respiratoria.

Si a esto le añadimos los mareos producidos por la hiperventilación… el cuadro sintomatológico empeora.

MAREOS

Tienes una sensación de mareo extraña que te hace temer que puedas desmayarte. En ocasiones, estos mareos son intermitentes y en otras son constantes.

El mareo se produce por una respiración incorrecta. Existe una tendencia a la hiperventilación o respiración superficial rápida en personas con ansiedad.

Por ello el nivel de oxígeno inhalado es mayor y provoca esta sensación de vahído.

Seguro que has visto en alguna película como cogen una bolsa de papel y se la ponen en la boca y en la nariz para respirar, esto se debe a que en la exhalación se elimina dióxido de carbono que vendría a compensar el exceso de oxígeno, creando una especie de sensación de relajación.

DOLOR DE CABEZA

Dolores de cabeza intermitentes o que te acompañan durante todo el día. En ocasiones pinchazos localizados en determinadas zonas de la cabeza o sensación de embotamiento general. Yo siempre digo que el dolor de cabeza es como el aviso de "hay que parar de pensar".

Imagino a las neuronas en el cerebro como pequeñitos trabajadores que no paran de hacer horas extras y desean descansar.

Comienzan a enfadarse y a manifestarse de forma agresiva para ver si de una vez por todas el jefe de la empresa les permite tomar un respiro, antes de que vaya a más el cansancio y el agotamiento. ¿Te imaginas a las neuronas enfadadas, haciendo piquetes en tu cabecita?, vamos lo que viene a ser una migraña en toda regla.

INSOMNIO

Esta dificultad para conciliar el sueño que la misma ansiedad provoca, es una respuesta del organismo para no bajar la guardia. El cuerpo está en modo alerta, por tanto, dormir se asocia al peligro. Así que es normal que el insomnio haga su debut en un intento de mantenernos haciendo guardia por si aparece nuestro depredador, que de algún modo llevamos en la mente en forma de pensamientos todo el tiempo.

DESPERTARES NOCTURNOS

Te despiertas en mitad de la noche y en ocasiones aparecen mareos, taquicardias y agitación mientras duermes. Algo totalmente normal, ya que el inconsciente está operando y trabajando en la noche con todo aquello que ha vivido de forma consciente durante el día. Ante la sensación de, quizás, haber perdido el control, el inconsciente te hace despertar de un sobresalto para recuperar el mando.

PESADILLAS O SUEÑOS INQUIETOS

Por lo general, la ansiedad suele provocar sueños inquietos o pesadillas que nos impiden tener un sueño placentero. En cierto modo, no puede ser de otro forma, ya que cuando estamos despiertos y conscientes estamos viviendo un auténtico infierno.

Eso traducido en material onírico, da como resultado pesadillas o sueños inquietos, ya que el material de trabajo con el que se elabora todo eso, es el mismo que se ha estado trabajando de día en el consciente.

Para explicarlo de un modo sencillo **el CONSCIENTE lleva turno de mañanas** en nuestra mente, y **el INCONSCIENTE hace el turno de noches.**

Ambos trabajan para la misma empresa, con un mismo fin. Tan solo que en la mañana con la luz del sol, con el ruido ambiental, se ve y se piensa de un modo diferente que en la noche sin luz, con la calma y el silencio del cielo estrellado.

PROBLEMAS DIGESTIVOS

Náuseas, estreñimiento o diarrea son problemas digestivos característicos de estados emocionales intensos, ya que nuestro aparato digestivo es muy sensible a todo ello, siendo considerado nuestro intestino como el segundo cerebro.

Hay estudios que desvelan que tiene más neuronas que la espina dorsal. Se trata de un segundo cerebro "independiente" en nuestras entrañas, influyendo en nuestro bienestar.

Así que lo que el dolor de cabeza sería para nuestra mente, los problemas digestivos lo serían para nuestro segundo cerebro, indicándonos la existencia de algún tipo de preocupación, elemento estresor, que el cuerpo está tratando de gestionar de la mejor forma posible, ya que a nivel emocional no lo estamos tramitando.

Hasta aquí algunos de los síntomas físicos que puedes experimentar. Cabe decir que existen muchas más experiencias físicas y quizás no hayas encontrado la explicación de la tuya, esa que se repite con más frecuencia a lo largo de los días. Aquí solo he plasmado algunas de ellas, sin duda el catálogo de sensaciones corporales es más amplio.

Te invito ahora a reflexionar sobre tus sensaciones físicas.

¿Cuál es la **experiencia corporal** que experimentas con más frecuencia?

____

____

____

____

____

¿Qué **significado** le das ahora, tras lo aprendido en el capítulo?

____

____

____

____

¿De qué otro modo podrías contarte entonces lo que te sucede, al experimentar ese síntoma?

____

____

____

____

¿Qué sucedería si cada vez que experimentases esa sensación supieras que forma parte de una respuesta adaptativa de supervivencia por parte de tu cuerpo?

____

____

____

____

Nuestra fisiología se ve condicionada, como bien sabes, por nuestros pensamientos y emociones, llegando a crear a nivel neurológico rutas mentales o patrones de comportamientos corporales. Lo que viene a ser un condicionamiento clásico de toda la vida.

Es por ello, que existen determinadas posturas corporales que por sí mismas activan emociones o pensamientos, precisamente por toda esa cadena asociativa creada en nuestra mente a base de repetirse una y otra vez.

Para finalizar este capítulo quiero compartir contigo una reflexión:

"Nuestras actitudes elegidas desde la conciencia del presente crean emociones y pensamientos.
Nuestras emociones y pensamientos se traducen en acciones.
Las acciones que repetimos una y otra vez se convierten en hábitos.
Los hábitos determinan nuestro carácter.
Es nuestro carácter el que define el sentido de nuestra vida y el significado que le damos y le daremos a ella cuando nos vayamos de aquí, en el último momento.
El signo de la vida se construye, por lo tanto, a partir del simple hecho de vivir en el aquí y ahora y de elegir con conciencia."

Aumenta tu conciencia, elige con presencia, porque mereces vivir la vida que has venido a vivir.

COCINANDO A LA GALLINA

7. MENÚ GALLINÁCEO

Ha llegado el momento de desplumar a la gallina de la ansiedad y preparar un buen menú con ella.

¡¡Vamos a echarle huevos y vamos a por todas!!

Déjame que te muestre cómo sacar el máximo rendimiento a este último apartado en el que compartiré contigo un menú que hará las delicias de los ansiosos. A lo largo de estos capítulos hemos estado preparando todos los ingredientes necesarios para este momento, ahora toca integrarlos.

Encontrarás un menú organizado por un cocinero que sigue **los principios de CALMA 3C**.

La primera "C" es la de la CABEZA

La segunda "C" la del CORAZÓN

La tercera "C" la del CUERPO

Los capítulos hacen referencia a estas tres partes. En cada uno de ellos encontrarás diferentes recetas, en forma de herramientas y estrategias, para poder aplicar dependiendo de si deseas abordar la parte mental, emocional o corporal.

Porque si trabajamos la mente, pero no abordamos lo demás… el trabajo será incompleto.

Si abordamos las emociones, pero no los pensamientos, ni el cuerpo, antes o después volveremos a sentir las mismas sensaciones emocionales y físicas.

Un trabajo que implique las tres partes que componen al ser humano: mente, emociones y cuerpo, será un abordaje completo.

El menú consta de: entrantes, primeros, segundos y postres.

Los **ENTRANTES**: nos ayudarán a prepararnos para digerir el resto del menú. Unos entrantes firmes, contundentes que te ayudarán a asimilar de forma sencilla y ligera el resto del menú.

Los **PRIMEROS**: son platos enfocados en calmar el cacareo de la gallina ansiosa, abordando la parte más racional, pensante, la de darle vueltas a todo eso que se pasea por la mente.

Los **SEGUNDOS**: pretenden ayudarte a calentar el corazón, a suavizar y susurrar el idioma de las emociones aprovechando que la ansiedad se siente y en ocasiones bien intensa. Una gestión correcta a nivel emocional marcará la diferencia.

Los **POSTRES**: ñam, ñam qué ricos los postres ¿verdad? Encontrarás 3 platos dulces que pondrán el colofón final a un menú de 5 estrellas. Postres de esos que no se acumulan en las cartucheras, ni en la tripa, ni en el culete. ¡Para nada! Ligeros, sin azúcares añadidos, fit – fit y healthy a tope. Harán las delicias de cualquier cuerpo.

Antes de ponernos con las manos en la masa, tomemos un momento para analizar la situación de la que partimos, en la que nos encontramos AHORA.

¿Estás preparado para vivir sin ansiedad?

¿Te has preguntado alguna vez cómo sería tu vida sin ansiedad?

¿Crees que te sentirías vacío tras tanto tiempo con la ansiedad en tu vida?

¿Echarás de menos la ansiedad?

Quizás suene un poco extraño todo esto ¿verdad? Si te planteo estas cuestiones es porque a lo largo de mi experiencia me he encontrado con momentos en los que se hace complicado dejar de vivir en un patrón de comportamiento ansioso por todo lo que ha representado en la vida de la persona, lo que ha significado e incluso de lo que ha servido.

Y lo cierto es que es totalmente normal.

Teniendo en cuenta que quizás durante semanas, meses o incluso años este estado haya sido tu único compañero de viaje, ahora de repente, dejar de lado a esta gallinita… puede ser doloroso.

Con más frecuencia de la que piensas aparecen estados de DUELO, cuando se trata de eliminar la ansiedad. Es por ello, que tomo conciencia de esta posibilidad y te la reflejo como algo que puede suceder y que sin duda es totalmente comprensible, por extraño que parezca.

Por ello, quiero compartir contigo diversos motivos por los cuales sería **complicado dejar ir a la GALLINA DE LA ANSIEDAD** llegando incluso a sentir esa especie de duelo.

Partiendo de la base que **todos nuestros comportamientos tienen o aguardan alguna finalidad,** como puede ser:

PROTEGER, SERVIR O PREVENIR

Averigüemos si, en tu caso, la ansiedad pudiera estar ayudándote sigilosa y silenciosamente en alguno de estos propósitos, ya que podría ser un punto a tener en cuenta antes de desechar la ansiedad como un acompañante fiel de tu vida.

Puede sonarte extraño, bueno más bien como una ida de pinza, pero déjame que comparta contigo los testimonios de los pacientes con los que he trabajado y quizás se entienda mucho mejor.

No con la intención de identificarte o reconocerte en sus palabras, sino con la idea de tomar perspectiva y un punto de vista analítico que pudieran arrojar luz, claridad o aumentar la toma de conciencia sobre tus acciones, aportando un nuevo significado a la ANSIEDAD y con ello ayudar en tu propósito de transformación.

Mi jefe era muy duro conmigo, siempre exigiendo más y más. Sus gritos, su prepotencia, su soberbia...era algo horrible. Comenzó poco a poco esto de la ansiedad y tuve que coger la baja. También me sentí culpable por ello, porque tenía que dar ejemplo, pero mi cuerpo "petó".

Alejado de todo ese mundo conseguí recuperar un poco de estabilidad, intenté incorporarme al trabajo de nuevo, y al poco, otra vez la ansiedad.

Era frustrante porque cuanto más intentaba sobreponerme y volver al trabajo, más fuerte eran las sensaciones angustiosas.

No sé si era fobia al trabajo o qué, pero de algún modo mi cuerpo me protegía de aquello que sentía amenazante.

Todavía recuerdo la cara de mi jefe, esa mirada que te atravesaba y te hacía sentir un inútil. Creo que la ansiedad, de algún modo, me estaba protegiendo apartándome de lo que en realidad era doloroso para mí.

La ansiedad ponía voz a todo lo que yo me callaba. Porque si me hubiese atrevido.... hubiera mandado a freír huevos a mi jefe más de 100 veces.

Me avergüenza reconocer que de algún modo me **servía para llamar la atención**. Parecía que solo así se preocupaban por mí, dejaban de hacer sus cosas y me atendían.

Quizás también es que me montaba una película en mi mente de que no me querían y eso también me angustiaba.

Tras el trabajo que hemos realizado hay mucho de mi infancia que me ha condicionado, ahora puedo verlo.

Ciertamente la ansiedad me ha ayudado en la toma de decisiones. **Me resultaba muy difícil decir NO y la ansiedad de algún modo lo decía por mí**. No sé si me entiendes.

¿Sabes cuando no quieres ir a un evento, y por agradar (no porque tú quieras) vas?

Pues bien, al rato, la ansiedad hacía su debut, con lo cual tenía que salir de donde estuviese.

Con el tiempo he entendido que la ansiedad, en el fondo, era una forma de expresar lo que yo no me atrevía a hacer.

Ahora, gracias a todo lo que he aprendido, soy yo la que pone voz a mis PENSAMIENTOS y a mis EMOCIONES.

Estos son testimonios de personas que como tú, vivían una situación complicada hace un tiempo. Con ansiedad, con taquicardias, sensación de presión en el pecho, agobios, mareos, miedos, pensamientos catastrofistas...

Y tomar conciencia del papel que jugaba esa ansiedad en sus vidas les ayudó en cierto modo a soltar lastre, a caminar más ligeros y livianos en esta aventura llamada VIDA.

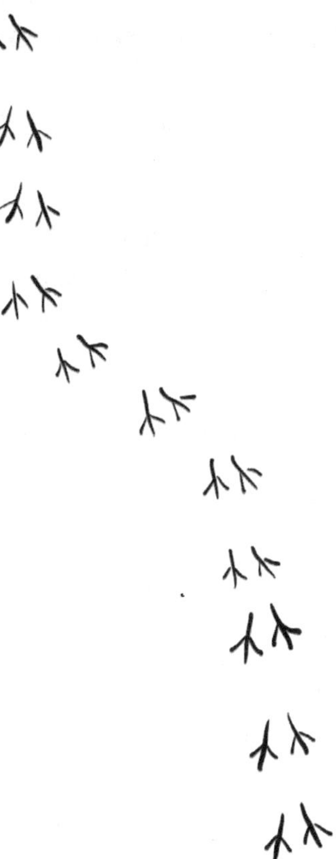

Ahora toca preguntarse:

¿CUÁL ES LA FINALIDAD DE LA ANSIEDAD EN TU VIDA?

Comprendo que así de primeras es fastidiarte la vida, pero si analizamos desde lo más profundo, desde el comprendernos a nosotros mismos, desde el cariño, puedes identificar:

Te ayuda a PREVENIR, a PROTEGER o te SIRVE para algún cometido o finalidad.

Quizás lleve un tiempo identificar este punto porque son muchos años los que llevas viviendo este patrón.

Al principio del libro hablamos de la ansiedad como un mecanismo de activación que nos protegía, que activaba un conjunto de estructuras cerebrales por instinto de supervivencia, y que por tanto podía prevenir escenarios catastróficos o incluso servirnos con su bloqueo o parálisis como respuesta.

Ahora la clave es:

¿Crees que podrías prevenir, protegerte o emplear otros recursos que te sirviesen para conseguir tu objetivo que no fuese a través de la Ansiedad?

¿De qué forma?

Si no se te ocurre ninguna de momento, tranquilo, porque para eso he diseñado este menú especial para ti.

Si por el contrario, tienes alguna propuesta para conseguir tu finalidad de forma saludable, ENHORABUENA.

¡Adelante con ella!

Tomar conciencia sobre la finalidad de la ANSIEDAD es un paso más en tu toma de conciencia, que te ayudará a integrar y procesar parte de ese estado disfuncional.

Ahora toca mostrar un ingrediente súuuuper importante y necesario en cualquier PROCESO EXITOSO que iniciemos en nuestras vidas.

¿Sabes de qué se trata?

No te lo he comentado hasta ahora, pero para cocinar la GALLINITA dichosa es preciso:

¡¡TU COMPROMISO!!

Sí, sí, porque sin compromiso nada de lo que voy a proponerte sería posible.

Salir de tu espacio de IMPOTENCIA, dejar tus respuestas reactivas, **aumentar tu proactividad, tu POTENCIAL y responsabilidad, requiere de un compromiso pleno por tu parte.**

De lo contrario, sería como si quisieras que te tocase la lotería de navidad sin comprar ningún décimo para el sorteo. Estaría un pelín complicadillo el asunto.

Así que déjame saber, con todo lo que te he contado y lo que has leído hasta este punto, si ya estás preparado para degustar el menú que he seleccionado para ti.

¿LO ESTÁS?

¿ESTÁS COMPROMETIDO CONTIGO MISMO EN EL PROCESO DE RESPONSABILIZARTE DE TU ANSIEDAD?

¿DE QUÉ MODO TE COMPROMETES?

¿QUÉ ES LO QUE MÁS TE AYUDA O AYUDARÍA EN ESTE PROCESO?

¿TIENES TUS PROPIAS RECETAS SOBRE CÓMO COCINAR A LA GALLINA ANSIOSA?

¡NO TE DETENGAS AHORA, ESTO ACABA DE EMPEZAR!

¿Te apetecen unos sabrosos entrantes?

ENTRANTES

8. ENTRANTES

¿Estás hambriento y deseoso de conocer lo que hemos preparado para ti?

Pues sin más dilación y para abrir apetito en esto de cocinar a la GALLINA ANSIOSA, te presento unos platos que a modo de resumen vienen a recordarte todo lo aprendido hasta este momento: "LOS ENTRANTES",

Para ello disponemos en la carta de:

1. CONSOMÉ DE CONSIGO MISMO

El consomé de consigo mismo es un entrante típico de cualquier menú de transformación, ya que el principal ingrediente es el de la **CONCIENCIA**.

En este caso la toma de conciencia hace referencia a ser conscientes de todo aquello que experimentamos bajo los efectos de la ansiedad, de la razón de ser de esta, la finalidad biológica que tiene en nuestras vidas, el entendimiento de su manifestación y mucho más.

(Para ello estaría bien leerse desde el principio este libro, donde se despejan y aclaran todo este tipo de dudas y cuestiones; si no lo has hecho, todavía estás a tiempo).

Este consomé nos ayudará a aumentar nuestra CLARIDAD respecto a lo que vivimos, despejando cualquier duda que obstaculice la elaboración de una estrategia sólida y contundente para abordar la ansiedad con fundamento.

La toma de conciencia por sí sola, en ocasiones, tiene suficiente poder y rango de acción como para mutar y cambiar manifestaciones propias de la ansiedad. No obstante, seguiremos añadiendo platos al menú para aquellos que todavía tengan ganas de más y poder así aumentar nuestra claridad y toma de conciencia.

2. CARPACCIO DE COMPROMISO

Como ya te había comentado, uno de los ingredientes estrella en este menú es el **COMPROMISO**. Y para ello hemos elaborado un CARPACCIO de COMPROMISO A LA ACCIÓN.

Un compromiso fiel, firme y duradero contigo mismo.

Un compromiso que implica RESPONSABILIZARSE de tus propios pensamientos, sensaciones y acciones.

Un compromiso honesto, sincero, amoroso, generoso, compasivo, en el cual, tú serás el gran benefactor.

Un compromiso comprometido a tomar acción en todos y cada uno de los platos del menú, ya que sin acción no hay resultado.

Así que si te gusta el CARPACCIO DE COMPROMISO, recordarte que te estarás comprometiendo con tu proceso, con tu bienestar, con tu vida y contigo mismo de forma consciente.

¡¡ENHORABUENA!!

3. ENSALADA VARIADA DE BROTES DE ATENCIÓN, COMPRENSIÓN Y FRUTOS DE LA VIDA.

Como último entrante te presentamos una ensalada ligera, repleta de vida, de amor, de cariño, compasión y conexión.

Un conectar con uno mismo y también con la GALLINA ANSIOSA, ya que la comprensión de cómo se piensa, se siente y se vive su patrón de acción nos permite relajarnos y sumergirnos en un estado de paz, calma y tranquilidad.

Este entrante te permite sostener a la mismísima gallina ansiosa entre tus brazos, sin huir, sin salir corriendo, sin evitarla y sin tirarla por la ventana.

¿Cómo?

Precisamente ingiriendo los brotes de ATENCIÓN, COMPRENSIÓN y AUTOCOMPASIÓN. De este modo descubrirás como tu mirada cambia.

El modo en el que te hablas, te miras, te cuidas, te relacionas se transformará, dando paso, al

AMOR INCONDICIONAL.

Un amor que no juzga, que no critica, que comprende con plena conciencia y compromiso que lo que estamos viviendo forma parte de un proceso vital que nos enseña, que nos muestra entre otras cosas que no estamos siendo COHERENTES cuando experimentamos ANSIEDAD.

Por ello la forma en la que te comunicas contigo mismo, tu diálogo interno, es tan importante. Mímalo, cuídalo y selecciona con mucha delicadeza todo aquello que vas a ingerir en forma de palabras, de pensamientos, creencias, pues estos serán los brotes que se transformen posteriormente en sentimientos, emociones y acciones.

Si notas que **te aprieta el cinturón** con tanto entrante y te sientes **un pelín incómodo**, déjame que te diga lo que dicen por ahí:

La incomodidad es la puerta al crecimiento.

PRIMEROS

COCIDO DE
GALLINA PERRUNA

HUEVOS FRITOS
CON CHISTORRA

COCIDO DE GALLINA PERRUNA

El cocido de GALLINA PERRUNA es un guiso muy particular ya que las gallinas perrunas, es decir, aquellas que en lugar de cacarear, ladran, están en peligro de extinción. A todo esto ¿Has visto alguna vez a una gallina ladrar?

Sé que estarás pensando que eso es absurdo, incluso llegar a verlo sería un expediente "X" en toda regla.

Pues bien, igual de absurdo sería querer encontrarnos bien haciendo cosas que van totalmente en contra de nuestro sentir ¿no te parece? Y lo hacemos en numerosas ocasiones, quizás sin tomar conciencia.

Por ello quiero hablarte sobre una teoría que considero fundamental, tanto que se la cuento a los pacientes como el SALVAVIDAS que de algún modo nos ayudará a no enfermar, a no sentir angustia, a no experimentar malestar, tensión e incluso en algunos casos ansiedad.

LA TEORÍA DE LA COHERENCIA

Te cuento un poquito más sobre esto, porque tiene chicha y ¡además de la buena!

Podría decirte que en un 90% de los pacientes que a lo largo de mis más de 15 años de experiencia he atendido, no estaban siendo coherentes consigo mismos (queda un 10% de excepción, que quizás puedas estar tú incluido, ya sabes que para eso son las excepciones)

Si tú también eres de ese 90% recuerda:

**NO SER COHERENTES
NOS ALEJA DE LA SALUD Y DEL BIENESTAR.**

Todavía no te he contado qué significa eso de ser COHERENTE, aunque es posible que ya lo sepas.

En pocas palabras se trata de:

¡¡HACER LO QUE TE DA LA SANTA GANA!!

(Es decir, hacer lo que te salga de los 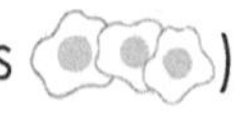)

¡¡Tomaaaaa yaaaaa!!!

Lo sé, es de locos ¿verdad?

Hoy en día creo que está considerado como deporte de riesgo esto de ser libre y coherente con tus principios, con tus valores, con tus creencias, con quien tú eres, siempre desde el respeto.

Para despejar dudas sobre si eres o no coherente puedes hacer el test que te permitirá conocer si eres un **"FREE COHERENCER" (un influencer de la coherencia en su máxima expresión)**

TEST DEL FREE COHERENCER

¿DICES LO QUE PIENSAS?.............................. SI / NO

¿PIENSAS LO QUE DICES?.............................. SI / NO

¿SIENTES LO QUE HACES?............................. SI / NO

¿HACES LO QUE SIENTES?............................. SI / NO

¿DICES LO QUE SIENTES?............................. SI /NO

¿SIENTES LO QUE DICES?.............................. SI / NO

¿HACES LO QUE PIENSAS?............................ SI / NO

¿PIENSAS LO QUE HACES?............................ SI / NO

Si todas tus respuestas las has contestado con un "Sí", ENHORABUENA, eres un **FREE COHERENCER** hasta las trancas. Aunque tengo una mala noticia:

Estás en peligro de extinción, así que ¡lleva cuidado!

Dicen las malas lenguas que están a la caza y captura de los "Free Coherencer" para llevarlos a un museo donde poder admirar y contemplar a esta especie casi extinta, con la intención de estudiar su mente, sus patrones de conducta y estilo de vida, ¡hay que ver cómo está el patio!

Y es que no es para menos porque hoy en día mantener alineada tu cabeza, corazón y comportamiento parece complicadillo.

CABEZA, CORAZÓN Y COMPORTAMIENTO EN UNA MISMA DIRECCIÓN

Los hay que dirán: *"Shaila, qué bonito y fácil lo pintas, lo difícil es aplicarlo"*

Soy consciente, reconozco que no es sencillo, cómodo y que no combina tan bien como el ESTRÉS.

La COHERENCIA no está de moda, lo siento. El quedar bien, la hipocresía, las máscaras, los papeles que tocan desempeñar están en auge.

En cambio el precio que uno paga no siendo coherente es el deterioro de la SALUD.

Créeme cuando te digo que lo he visto muchas veces. Bueno mejor dicho no me creas, realiza tus propias averiguaciones, experimenta en tus propias carnes y luego me cuentas.

Quizás tus comprobaciones se materialicen en forma de dolores musculares, articulares, úlceras de estómago, urticarias, picores, problemas intestinales, dolores de cabeza... e incluso ¡ansiedad!

Te invito a contemplar la posibilidad de ser el próximo FREE COHERENCER y pasarte al lado de la COHERENCIA.

Si conoces o has visto aunque sea de lejos a un "FREE COHERENCER" lo habrás identificado, estoy más que segura y eso que no lleva luces de neón a cuestas, pero huele a **LIBERTAD**.

"Libertad" no es una marca de colonia, aunque si lo fuera lo mismo se habría agotado.

La libertad es un VALOR prioritario en la vida del FREE COHERENCER.

Un profesor que tuve en una formación describió la LIBERTAD como la capacidad de decir "NO" sin dar explicaciones ni justificarse. Lo cierto es que aquello me caló hondo. Me fascinó. Porque no sé tú, pero yo me observo a mí misma y a mi entorno, y en numerosas ocasiones andamos justificándonos por lo que hacemos o no hacemos, dando explicaciones ¡sin que nos las hayan ni tan siquiera solicitado!

LA LIBERTAD ES DECIR "NO" SIN DAR EXPLICACIONES

Esa libertad entendida como fidelidad a ti, a tu sentir, a tu pensar, a tus valores, a tus normas, creencias, principios, en definitiva a tu VIDA.

Esa que te da el poder de ser quien eres de forma auténtica y verdadera.

Luego están los **"CASTREITOR DE COHERENCERS"**, aquellos que critican, juzgan, menosprecian a todos aquellos que son coherentes, libres, honestos con ellos mismos. Como si les molestase o envidiasen que pudieran ser LIBRES así sin más, sin cargar con ningún peso o penitencia por ello.

Poco menos que piensan eso de *"Qué morro que tiene, siempre hace lo que le da la gana, y mientras los demás aquí amargados"*.

En definitiva, no deja de ser una elección personal ¿no te parece? Siempre desde el respeto y siendo congruentes con las circunstancias en las que vivimos y bajo la legalidad. ¡Que se puede ser coherente respetando la ley!

Por ello, ahora la pregunta que te hago es importante:

¿ESTÁS COMPROMETIDO CON TU SALUD?

Te invito a reflexionar con las siguientes cuestiones:

¿Qué me impide en este momento de mi vida **ser coherente?**

____

____

____

____

____

____

Ser **coherente** para mí **implica:**

____

____

____

____

____

Cuando soy coherente **noto** que **mi cuerpo**:

____

____

____

____

____

Ser coherente **me hace sentir**:

____

____

____

____

____

____

Si soy coherente **tendré que**:

____

____

____

____

____

 HUEVOS FRITOS CON CHISTORRA

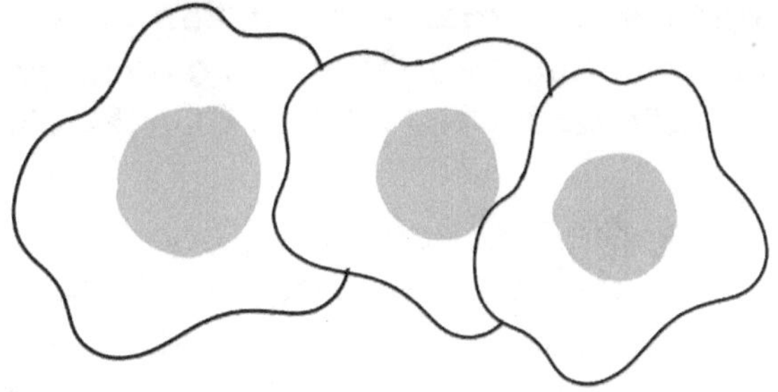

¡Si eres amante de los huevos fritos, este es tu plato!

Simple, sencillo, a la par que jugoso y contundente. La receta de este plato no tiene mucho misterio, pero sí el ingrediente estrella, que por cierto viene de nuestra querida gallina.

Se trata de un plato para echarle huevos, y mojar pan, por todo lo que te voy a contar.

¡Así que vamos allá! No sin antes contarte una curiosidad sobre este plato.

Como bien sabes, el huevo tiene dos partes bien diferenciadas.

La yema (lo amarillo)
Y la clara (lo blanco)

Lo mismo sucede en nuestras vidas:

Lo que depende de ti (tu vida)
Lo que no depende de ti (el resto)

Ahora la pregunta es:

¿Dónde inviertes más energía, tiempo, ganas, vida... en lo que depende de ti o en lo que no depende de ti y NO PUEDES CONTROLAR?

Cuando comprendes que todo tu poder está dentro de ti, en esa área donde reside todo tu **"amarillito"** puedes RESPONSABILIZARTE y actuar con poder, con decisión, con determinación y seguridad.

Es entonces cuando sientes la capacidad de gestionar tus emociones, tus conductas, pensamientos, decisiones, actitudes y hasta tus objetivos.

En cambio cuando sientes que todo tu poder depende de las circunstancias, de lo que hagan o digan los demás, del tiempo que haga fuera de casa, del precio del combustible, la subida del IVA... entonces es probable que te sientas confundido, enfadado, porque no llegas a experimentar esa seguridad, ese confort, ya que no alcanzas a controlarlo todo. Ese TODO que no depende de ti.

ENTONCES, ¿CÓMO QUIERES LOS HUEVOS?

Imagina que le das el poder al entorno, a las circunstancias ajenas a ti, entregando el poder de cómo te sientes hoy, de lo que piensas, de lo que haces...

En ese caso **LO QUE NO DEPENDE DE TI, te gana terreno** (aumenta la clara de tu huevo).

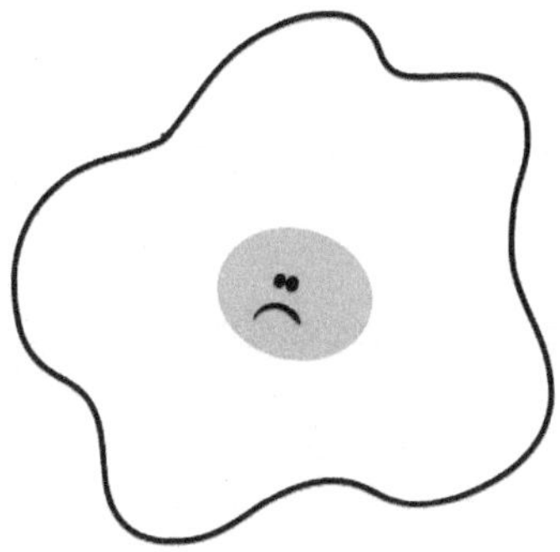

Si día a día sucede lo mismo, terminarás sintiendo que no hay nada que puedas hacer para cambiar lo que vives y experimentas.

Es posible que te victimices, te quejes, te enfades o entristezcas por todo aquello que no puedes controlar y a lo que le has dado el poder. Incluso mandes a freír huevos al de al lado. Los hay que entran incluso en un estado de INDEFENSIÓN e impotencia.

Resulta hasta paradójico ¿no te parece? Te estarías enfadando por algo que has hecho tú, DAR EL PODER A LAS CIRCUSNTANCIAS, al entorno, a los demás.

Estarías perdiendo tu RESPONSABILIDAD, que no es otra cosa que la "Habilidad de responder", tu capacidad de decidir sobre tus pensamientos, comportamientos, en definitiva, te sentirás despojado de tu LIBERTAD.

En cierto modo CULPAR a los demás lo hemos aprendido desde bien pequeñitos ¡para qué lo vamos a negar! ¿Quién no ha dicho el famoso "yo no he sido" alguna vez en su vida? – "Ha sido él" –

Tenemos una sensación ilusoria de poder cuando culpamos al otro, aunque en el fondo lo que está sucediendo es que estamos perdiendo PODER PERSONAL.

Culpar es el punto flaco del EMPODERAMIENTO.

Estás "DES-RESPONSABILIZÁNDOTE" (eludiendo tu responsabilidad) de lo que te pertenece, de tus actos, de tus pensamientos, de tu vida. Eso te deja en desventaja.

Decidir cómo quieres los huevos, implica tomar acción y partido en tu vida. Ser el protagonista de tus aventuras.

Sé responsable de lo que depende de ti, de lo que puedes cambiar y haz que la yema de tu huevo aumente de tamaño.

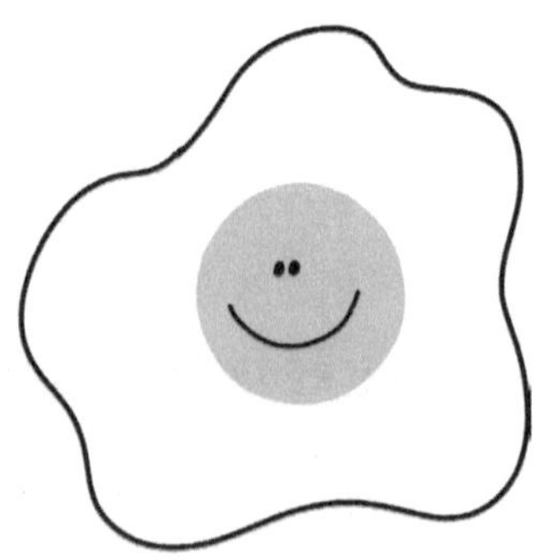

No hacerlo te llevará a dar el poder a lo ajeno a ti con lo que ello conlleva. La posibilidad de perderte de nuevo en las circunstancias de los otros. Ahí es complicado encontrarse.

No trates de hacer huevos fritos con huevos que no son tuyos.

Cada uno tiene sus huevos, así que toma distancia para poder responsabilizarte y actuar con determinación, con decisión, con seguridad y confianza.

Para esto puedes hacerte una pregunta muy sencilla:

¿ESTO DEPENDE DE MÍ?

Si es que sí, adelante. Si es que no, ¡¡PARA!!

¡PARA! Toma un alto en tu camino cuando estés asumiendo algo que no sea tuyo.

¿Por qué?

Muy sencillo, porque ese asunto, tema, responsabilidad que puedas estar asumiendo no es tuyo, no te pertenece, no puedes controlarlo, cambiarlo y lo único que generará será decepción, malestar, incomodidad, estrés, angustia, culpa…etc.

Y lo peor de todo es que si intentas gestionarlo o modificarlo es posible que no aciertes, no des con la clave mágica, simplemente porque no es tuyo, porque no te pertenece. En ocasiones se convierte en un juego de adivinanzas.

Recuerdo cuando mi madre se enfadaba y yo con la intención de que se desenfadase (como si pudiera conseguirlo) me ponía en modo productiva total para ver si podía hacer algo que apretase el botón mágico con el que frenar su mala leche y su enfado. No te lo vas a creer, pero nunca acertaba. No se me dan bien los juegos de azar, ¡qué le vamos hacer!

Te diré que a mi querida madre se le pasaba el cabreo cuando ella estimaba oportuno, cambiaba su enfoque, sus pensamientos o directamente ya habían pasado los días suficientes como para seguir manteniendo el cabreo, y al final te das cuenta que esto solemos hacerlo todos muy a menudo (yo la primera).

Por ello quiero compartirte algo que creo que te va ayudar en tu propósito de no asumir lo que no te pertenece.

"LO DEL SUELO NO SE COGE, ES CACA"

¿Recuerdas cuando tus padres te decían esta frase en un intento de que todo lo que estaba en el suelo no lo cogieras ni te lo llevases a la boca?

Pues del mismo modo, asumir una responsabilidad que no es tuya implicaría repetir esa conducta no deseada (llevarte la caca a la boca) ya que estarías cogiendo algo que no te pertenece.

SEGUNDOS

ESTOFADO DE
GALLINITA CIEGA

EMPANADILLAS DE
GALLITO MACHITO

ALITAS DE
GALLINA ZEN

ESTOFADO DE GALLINITA CIEGA 

Me encantan los platos de cuchara sobre todo cuando hace frío y los guisos y estofados ayudan a templar el cuerpo haciendo que entre en calor.

Con la intención precisamente de hacer entrar en calor tu corazón, hemos diseñado este plato. Preparado en esta caso con una especie de gallina común.

La "Gallinita Ciega" es aquella que cegada por la venda del juicio, de la crítica y de la resistencia de aceptar lo que es, permanece en una lucha interna constante. Presa de estados emocionales intensos llega a agotarse física, emocional y mentalmente.

El gran desafío de la "Gallinita Ciega" es precisamente el llegar a poder experimentar la liberación a través de:

LA ACEPTACIÓN

Dicen que cuanto más te resistes en aceptar las cosas tal y como son, más sufres. Es como quejarte por el frío en invierno, ¡pues anda que no te queda! Y lo mismo que el calor en verano. Puedes optar por estar quejándote todo el año, o ponerte/quitarte ropa según la estación del año.

Así que imagina que la ANSIEDAD fuese como esa estación del año que te incomoda, por más que te quejases no ibas a cambiar nada.

"A lo que te resistes persiste, y lo que aceptas se transforma"

Este capítulo NO va de ACEPTAR la ansiedad así por las buenas, ahí te esté dando el jamacuco de tu vida y tú con una sonrisa aceptando el chungazo, nooooo, no se trata de eso.

Se trata de darnos la oportunidad de mirar la ANSIEDAD desde otro prisma, con todo lo que has aprendido, todo lo que ahora sabes de ti, de tu proceso que antes quizás no conocías o no te habías parado a pensar.

Trata de conocer si estás siendo coherente, si tus huevos tienen más yema o más clara, si te estás haciendo con la "caca" de los otros tratando de gestionarla como a ellos les gustaría o más bien estás en el proceso de EMPODERARTE, de RESPONSA-BILIZARTE y ACEPTAR que es algo que te pertenece, que es tuyo y que solo tú puedes transformar.

Aceptar la ansiedad tal y como es con sus circunstancias, pues como que no mola, porque nadie quiere una gallina ansiosa en su gallinero particular. Queremos una tranquilita, una que no cacaree en exceso, que duerma y coma, que no dé problemas, que dé huevos (de los buenos) ya de paso.

Ahora bien, resistirnos nos llevará a más sufrimiento sí o sí.

Vamos a hacer una distinción entre el que se resiste o "Resisteitor" y el que acepta o "Acepteitor"

EL RESISTENTE O "RESISTEITOR"

Adopta diversas actitudes que van desde las derrotistas hasta las de confrontación.

El lenguaje no verbal manifiesta todo un catálogo de sensaciones corporales como fatiga, abatimiento, contracturas musculares, tensión, dolores varios, etc.

El "Resisteitor" muestra un diálogo interno dramático, catastrofista, negativo, generalizador, victimista:

- *No puede ser*

- *Esto es imposible*

- *Otra vez igual*

- *Esto no va a cambiar nunca*

- *No hay nada que yo pueda hacer*

- *Nada de lo que me sucede tiene sentido*

EL QUE ACEPTA O "ACEPTEITOR"

Muestra una actitud más proactiva junto a un lenguaje corporal ciertamente relajado y equilibrado.

A la hora de comunicar se muestra objetivo, realista, centrado en el presente, comprensivo y compasivo:

- *Todo pasará*

- *Puedo hacerlo*

- *Soy mi mejor aliado*

- *Aprendo cada día un poco más sobre lo que me sucede*

- *Tomar conciencia de lo que me sucede me ayuda*

Ya habrás observado las diferencias existentes en su lenguaje interno y también externo, así como la corporalidad con la que se comunican unos y otros también guarda diferencias importantes.

Y tú ¿de qué equipo eres?

Este concepto de la ACEPTACIÓN tiene mucha relación con el de DEJAR IR. Vinculado así mismo con la TEORÍA DEL HUEVO FRITO, para comprender de donde viene todo lo que vivimos, lo que lo detona. Si te das cuenta todo está interrelacionado.

Si comprendemos que hay aspectos que no dependen de nosotros y por tanto los dejamos ir, responsabilizándonos de nosotros mismos, poniéndonos en nuestro lugar, aceptando lo que es, desde el cariño, desde la comprensión y compasión hacia uno mismo, podremos aflojar parte de esa tensión controladora que nos lleva a vivir en el círculo vicioso y frenético de la obsesión.

Esa energía que nos arrastra y atrapa en el gallinero de la GALLINA ANSIOSA.

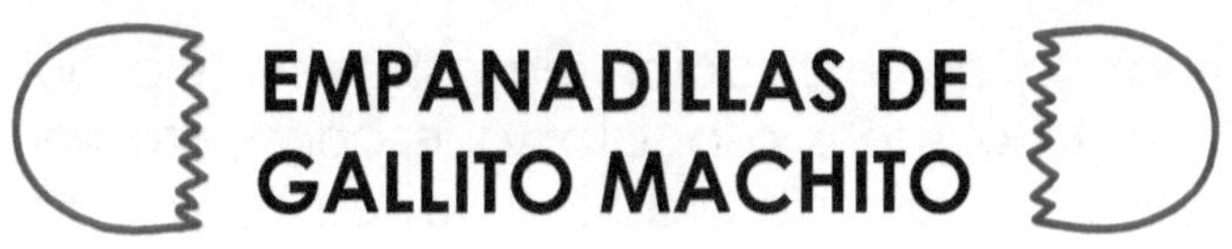

EMPANADILLAS DE GALLITO MACHITO

¡A la rica empanadilla de "Gallito Machito"
el gallo más machito del corral!
Se le hincha el pechito cuando va
a entonar su melodía favorita.
"KIKIRIKI ya estoy AKÍ

Y es que el "Gallito Machito" tiene una respiración muy particular. Guarda relación directa con esas respiraciones profundas que tratamos de hacer cuando estamos nerviosos. Hinchamos nuestro pecho cual "Gallo Machito" esperando que todo ese aire inhalado por la nariz y colocado en los pulmones pueda relajar todo un estado de excitación y activación brutal.

Esta respiración no tiene nada de malo, bueno mientras uno respire no tiene nada de malo, lo malo sería no respirar, está claro.

Hablando de respiración en este capítulo quiero mostrarte algunos aspectos que considero importantes a la hora de practicar la respiración como un ejercicio. Porque muchos pacientes consideran que no saben cómo hacerlo, les resulta complicado, tedioso, incluso una técnica poco eficaz.

Las hay de diferentes tipos:

- **Respiración Clavicular**: esta es la que haces cuando te da el súper berrinche con hipo incluido. El aire lo notas ahí, tanto en la clavícula como en la parte del cuello.

- **Respiración Torácica o pulmonar**: la del "gallito machito", sacando pecho.

- **Respiración Diafragmática**: aquella en la que al inhalar el aire se percibe en la tripa y al exhalar se deshincha.

- **Respiración Completa:** esta es la que comprende todas las anteriores, unificando en una respiración todos los movimientos citados.

Evidentemente la completa, como su propio nombre indica, es más completa.

Así de forma automática en momentos de tensión, nervios, angustia, tendemos a emplear una respiración torácica forzada e intensa tratando de aquietar y calmar la situación. Es una respiración que puede ayudarte a recuperar un poquito de calma, de tranquilidad y estabilidad. Si a esa respiración le sumamos la diafragmática, entonces estaríamos ya cerca de hacer pleno ¡Y vamos para bingo!

La famosa respiración diafragmática no es otra cosa que respirar como lo haces de forma normal, añadiéndole conciencia y profundidad.

Si te tumbas boca arriba, colocas una mano sobre tu abdomen y otra sobre tu pecho, manteniendo una respiración normal, como sueles hacer, observarás como tu tripa sube cuando inhalas y baja cuando sueltas el aire.

Así que "*eh voilà*", ya lo sabes hacer.

Es decir, que ya sabes realizar la respiración diafragmática.

Tan solo que en momentos de tensión, de estrés, ansiedad, lo que hacemos de forma automática nos resulta complicado hacerlo consciente.

Con la ansiedad corriendo por nuestras venas la respiración se vuelve más superficial.

Cuando la ansiedad está instalada en el cuerpo, pide y crea tensión, con lo cual en ese preciso momento, relajarse no funciona, porque **el cerebro se siente en peligro**. Relajarse sería bajar la guardia y nadie en su sano juicio lo haría, porque como ya hemos visto se trata de una respuesta de supervivencia.

Por ello **la ansiedad genera una resistencia inicial a todo lo que tenga que ver con respiración profunda, relajación, meditación...** sería de locos relajarse justo en ese momento de peligro máximo, al menos para el cuerpo.

Cuando intentamos realizar ejercicios de relajación, respiración y vemos que no nos funciona nos ponemos más nerviosos e incluso aumentan nuestras sensaciones desagradables, ya que los pensamientos negativos de: *"encima no sé respirar"*, *"ya ni esto sé hacer"*, *"a ver si me asfixio"*, *"uyyy madre que agobio"*, *"esto no funciona"*, no ayudan mucho.

Por ello conviene realizar este tipo de respiraciones en momentos de calma y de tranquilidad. Aunque justo en esos momentos puedas pensar que no los necesitas, precisamente así nos ayuda a fortalecer la competencia consciente, creando nuevas asociaciones del tipo "puedo respirar profundo y mantener el equilibrio"; si te das cuenta nada que ver con el miedo a bajar la guardia.

Puedes llevarlo a la práctica de diferentes maneras:

- Poniendo foco en la respiración cuando estés tranquilo.

- Observar cómo es tu respiración, sin juzgar, sin cambiar, sin hacer nada, solo observarla (no te líes con eso de coger aire en 4 soltarlo en 8, deja las matemáticas)

- Suavizando la respiración agitada poco a poco y sin forzar.

- Pon atención a tu diálogo interno en la respiración, atendiendo a las palabras que empleas para describir lo que estás haciendo y trata de ser lo más objetivo posible.

- Escanea posibles tensiones corporales para aflojar y soltar poco a poco.

Se trata en definitiva de promover con la respiración un espacio de observación, de calma, de equilibrio, con algo tan sencillo como lo es inhalar y exhalar aire, que por suerte no hay que pensar para hacerlo.

Te invito ahora a tomar un momento para observar cómo es tu respiración, sin hacer nada más, solo estar ahí contigo. Dándote un momento para PARAR. Observando cómo inhalas y entra el aire por la nariz y cómo exhalas (para soltar el aire puedes hacerlo por la nariz o por la boca) y sueltas todo el aire.

Venga lo que venga a tu mente, lo dejas ir y de nuevo llevas tu atención de forma amable y compasiva a la respiración.

Observa qué es lo que sucede, sin juicio, sin crítica, solo desde la observación atenta, como quien ve pasar las nubes en el cielo.

Por cierto, centrarse en la respiración no significa dejar la mente en blanco, porque van a seguir viniendo pensamientos a la mente, tan solo que cuando estos acuden a la mente volvemos a centrarnos en observar de forma atenta la respiración, solo eso. Lo mismo al experimentar sensaciones físicas o estados emocionales, volvemos a nuestro centro. Te explico un poco más sobre esto en el siguiente plato.

CAMARERO, CAMARERO, CAMARERO

¡UNA DE ALITAS!

¡MARCHANDO UNA DE ALITAS DE GALLINA ZEN!

◖ **ALITAS DE GALLINA ZEN** ◗

La "Gallina ZEN" autóctona del medio rural, disfruta de los días viviendo entre la paz, la calma y la tranquilidad. Su mayor virtud es estar:

ZEN-TRADA en el PRE-ZEN-TE

Sin duda el mejor antídoto para la mente ansiosa, que transita mucho planificando el FUTURO, anticipando y queriendo controlar lo que ni tan siquiera sabemos que va a suceder, es habitar el único momento donde sucede la vida AQUÍ Y AHORA, el **PRESENTE.**

Ahora bien eso de quedarse en el **PRESENTE**, puede sonar un poco extraño. Los hay que no lo ubican en el mapa, no saben si eso del presente queda por el Este o el Oeste.

Quedarse a vivir en el **PRESENTE** dicen que tiene muchas ventajas, como si nos fueran a regalar un conjunto de batería de cocina, un colchón de látex o una enciclopedia si nos quedamos.

Estar en el **PRESENTE** para una mente ansiosa, es como entrar en otra dimensión.

Da un poco de canguelo y miedete, como quien entra en la casa del TERROR, ¡¡a saber lo que nos encontramos ahí!!

De hecho más de uno ha hecho las maletas y se ha pirado del presente anhelando encontrar un FUTURO más acogedor, más amable. Pero lo cierto es que quien invierte su tiempo y energía en fantasear con lo que hay en ese instante futuro, deja de vivir su vida.

Hablo del futuro, pero igual destino es el PASADO. Aquello que fue, que no volverá, que no podemos cambiar.

Los que habitan este espacio suelen experimentar la energía de la tristeza, de la nostalgia, la pena y hasta el dolor.

"Nunca lleves a cuestas más de un tipo de problemas a la vez. Hay quienes cargan con tres: los que tuvieron, los que ahora tienen y los que esperan tener".

Edward Everett Hale
Escritor

Y tú ¿CON CUÁNTOS CARGAS?

¡¡La mente no PARA,
no lleva frenos!!

Hasta cierto punto es normal, la mente está para pensar, si no tendríamos encefalograma plano. Lo único que cuando la gente comienza a realizar ejercicios para tratar de anclarse más al **PRESENTE**, asocia este tipo de ejercicios, con no pensar en nada, dejar la mente en blanco, lo cual así de primeras va a ser un pelín frustrante. Sobre todo si el primer día que nos ponemos a practicar un ejercicio de meditación, de mindfulness o atención plena, no paramos de pensar todo el tiempo.

Por eso te anticipo, que eso, es lo más normal del mundo.

Estar atento al **PRESENTE**, en el AQUÍ Y AHORA, no es otra cosa más que poner los sentidos, (todos los que tengas) en lo que estás haciendo. Ya sea respirar, comer, caminar, ducharte... vale con cualquier acción.

Y cuando se pasee por la mente la "gallina cacareando" tratas de llevar de nuevo la atención a aquello que estés realizando en ese preciso instante.

Podrás comprobar por ti mismo que el hecho de **estar PRESENTE, es algo que puedes entrenar**. Han sido tantos los días, meses e incluso años de evasión, escapismo, huida, de hacer las maletas y marcharnos bien lejos....

Que ahora volver a casa, a ese **PRESENTE**, al lugar donde sucede la vida, puede resultarnos extraño, incómodo, nuevo, excitante... ¡quién sabe!.... ¿te atreves a probar?

Ahora bien, no por hacer abdominales un día se nos van a poner como a los deportistas de élite, que tienen unos abdominales como para rallar queso. Lo mismo sucede con este tipo de prácticas, con un día no basta.

LOS MILAGROS A LOURDES

Los hay muy optimistas que se ponen un día a respirar, meditar, estar atentos...y esperan que la ansiedad desaparezca. Como el que echa matamoscas y se mueren las moscas. Pues esto no funciona así. ¡Qué voy a decirte! Es cuestión de crear un hábito, y NUNCA desde la obligación. Porque ¿a quién le gustan las obligaciones? ¡Pues imagínate que te pones una más! Como si no tuvieras suficientes ya en tu vida.

Se trata de integrarlo en tu forma de ser y de estar contigo, de vivirlo con cariño, con amabilidad, y no con pereza.

Hoy en día hay miles de ejercicios de meditación, de mindfulness, de relajación; puedes elegir el que más te guste, con el que te sientas más cómodo. Con música, sin música, con velitas, incienso, con tapones en los oídos, al aire libre, caminando, en la cama tumbado, de pie, sentado...

Con una única premisa:

ESTAR AQUÍ Y AHORA, EN EL PRESENTE.

POSTRES
SORBETE DE FLYING CHICKEN
BIZCOCHO DE HEALTHY CHICKEN
TARTA DE FUNNY CHICKEN

SORBETE DE FLYING CHICKEN

He de reconocerlo "soy muy de postres". Y los sorbetes me encantan. Los encuentro tan ligeros y digestivos… y los de "FLYING CHICKEN" ¡para qué contarte! Te diría que este tipo de postre es de los que te pone en pie, te recarga la energía, las pilas y ¡hasta te da alas!

Para mover el "body" todo enterito de arriba abajo. Vamos a desempolvar nuestro cuerpo serrano, que más de uno lo tiene oxidado.

Ponerlo en funcionamiento, en marcha, es sencillo, tienes tantas opciones como gallinas hay en el planeta.

Paseando, bailando, con la bici, nadando… lo que sea que te ayude a salir de tu rigidez corporal. Esa que creamos con nuestros patrones conductuales y emocionales de forma inconsciente y que tanto condiciona nuestro cuerpo, como hemos ido viendo a lo largo de los capítulos.

Cuántas veces me han dicho los pacientes, que el deporte les ayuda a despejar la mente, a no pensar en nada, a tomarse un descanso.

No es que quiera venderte la moto con esto de moverse y practicar algo de ejercicio físico, pero lo cierto es que tiene una explicación a nivel biológico y fisiológico que quiero compartir contigo.

Quizás hayas escuchado hablar del **CORTISOL**, de las **ENDORFINAS** y cómo nos influyen en nuestro organismo.

Puedes consultar estudios al respecto en los que encontrarás que la práctica de ejercicio físico hace que el CORTISOL disminuya en sangre y así poder experimentar numerosos beneficios en el organismo (que en exceso acaba siendo un veneno)

CORTISOL

Está demostrado que el **EJERCICIO FÍSICO ayuda entre otras cosas a:**

- gestionar emociones como la rabia, el enfado

- mejorar la calidad del sueño

- mejora la sensación de fortaleza, seguridad, la autoestima

- mejora la concentración

- influye de forma positiva en el descanso

- potencia el sistema inmunológico

- aumenta los niveles de noradrenalina y serotonina (neurotransmisores que influyen en la ansiedad)

¿A qué esperamos?
¿Nos ponemos las zapatillas y salimos ahí fuera?

BIZCOCHO DE HEALTHY CHICKEN

Hoy en día ser "healthy", comer sano, ingerir alimentos ecológicos, biológicos, orgánicos, "fit" está de moda y es una opción de alimentación muy recomendada. Así que este bizcocho que traigo para ti hará las delicias de los paladares más exigentes. Un bizcocho esponjoso, jugoso, blandito, de esos que parecen un pedacito de nube. Un bizcocho elaborado con materia prima de calidad, porque hemos de reconocer que existen alimentos que no benefician en nada el tema de la ANSIEDAD.

Alimentos con alto contenido en cafeína, teína o azúcares son estimulantes que a nivel físico producen cambios y alteraciones importantes.

Te invito a revisar tu nevera, despensa, armario y descubrir si tú eres de los que consume habitualmente este tipo de alimentos. De ser así, ¿te has parado a pensar el efecto que puede generar en tu organismo?

Recuerdo varios pacientes que en consulta me comentaban que no descansaban muy bien por la noche e incluso les costaba dormir. Indagando sobre los alimentos que ingerían me comentaban aspectos y hábitos alimenticios tan dañinos que el mero hecho de modificarlos les permitió conseguir mejoras notables en pocos días.

Sé que puede parecer obvio y de sentido común, pero aún así hay quien consume alimentos estimulantes o excitantes a la hora de ir a la cama, con lo cual aumenta la sensación de nerviosismo, inquietud a la hora de conciliar el sueño. Así que si eres de los que tiene hábitos poco saludables te invito a que puedas modificarlos.

Del mismo modo existen alimentos que nos ayudan, más que a relajarnos, a acortar el tiempo que tardamos en conciliar el sueño. Los ricos en triptófano como los plátanos, los lácteos e incluso se ha visto que los hidratos de carbono complejos de lenta absorción, también pueden ayudar.

Si deseas ampliar más información al respecto, te animo a que consultes con un experto nutricionista que pueda asesorarte y estudiar tus hábitos alimenticios, y juntos elaborar un plan que pueda beneficiarte y ayudarte en tu propósito de disfrutar de una alimentación saludable y consciente.

Hablando de alimentación consciente quiero compartir contigo algunas preguntas que los asistentes del **programa CALMA 3C** han seleccionado como *preguntas ajá*. Preguntas que permiten tomar conciencia sobre patrones de ingesta automática. Desmontando los automatismos permitimos incluir cambios notables y beneficiosos en los hábitos alimenticios, así que ¡vamos allá!

¿Cómo comes? (velocidad, posición, entorno)

____
____
____
____
____
____
____

¿Qué finalidad tiene para ti comer? (distraerte, castigarte, culparte, aliviarte, premiarte)

____
____
____
____
____
____
____

¿Dónde está tu mente cuando comes?

____
____
____
____
____

¿Desde qué emoción comes?

¿Cómo sientes tu cuerpo cuando comes?

¿Crees que tu estado mental, emocional y corporal es el más beneficioso a la hora de comer?

¿De qué tomas conciencia al responder a estas preguntas?

¿Qué podrías cambiar? ¿Cómo?

____

____

____

____

Sin duda, la relación que mantenemos con la alimentación tiene más chicha de lo que parece, puesto que proyectamos y volcamos en ella parte de nuestro mundo emocional. Por ello considero importante explorar este aspecto.

Cuando somos presas de estados emocionales intensos, la comida (por exceso o defecto) puede ser una forma en la que gestionar y canalizar parte de ese mundo emocional.

Plantearnos vías alternativas en la gestión emocional como las que hemos ido viendo a lo largo del libro, puede ayudarnos y beneficiarnos en el desarrollo e integración de un modelo sostenible y saludable a lo largo del tiempo, sean cuales sean las circunstancias que vivamos.

SI ERES MÁS DE TARTAS QUE DE BIZCOCHOS
EL SIGUIENTE PLATO
TE LO VAS A COMER CON LOS OJOS.

TARTA DE FUNNY CHICKEN

¡Qué sería de las grandes celebraciones sin una TARTA!

En cierto modo estamos de celebración, porque hemos llegado al último plato de los postres ¡YUJUUUU! y para ello hemos incluido en el menú la "TARTA DE FUNNY CHICKEN".

Para mí las tartas son pura celebración, diversión, baile y risas a montón. Un colofón final a un menú completo y equilibrado.

Además esta tarta tiene una sorpresa en su interior, y es el "FUNNY CHICKEN" que te transportará a celebrar la vida, a soñar, disfrutar, permitiendo que el éxtasis del presente te inunde y te abrace para fundirte con tu mejor versión.

¿TE LO VAS A PERDER?

Eso sí, el "FUNNY CHICKEN" antes de salir de su tarta necesita saber algo sobre ti:

¿Qué quieres hacer con tu vida hoy?

¿Qué o quién te lo impide?

¿Qué vas a hacer entonces?

¿Y a qué esperas?

Si vas a comenzar a peregrinar por el valle de las "excusas", de las "pegas", y los "peros" significará que no estás preparado, todavía, para comerte el pedacito de tarta que te corresponde.

Por supuesto que puedes quedarte en casa con la bata de la melancolía, los rulos de la tristeza, el pijama de la pereza, las pantuflas de la apatía, con las persianas bajadas, tumbada en el sofá del salón, sin ganas de nada o puedes ponerte música para inspirarte, escribir sobre cómo te sientes, ver una peli de risa, monólogos de humor, bailar, cantar (no hace falta ser un experto en todo ello) quedar con gente, socializarte, hacer cosas que nunca habías hecho, dedicarte tiempo para ti, para disfrutar, dar un paseo por la naturaleza, por el parque de al lado de casa, o quizás vives cerca de la playa... sea lo que sea que te quede cerca aprovecha, sal ahí fuera, respira aire, y sobre todo rodéate de la madre naturaleza, que aguarda tanta sabiduría.

Observa y contempla lo que tiene para ti, pues encierra toda la sabiduría que necesitamos en la vida.

Si te fijas, todo lo que sucede en la naturaleza de forma brusca y repentina suele ser una catástrofe, como los huracanes, los tsunamis… estos fenómenos metereológicos arrasan por donde pasan.

En cambio aquello que sucede con calma, poco a poco, como el amanecer, el florecer de una flor, el crecer de un árbol, sucede lenta y pausadamente.

Quizás imbuidos por una sociedad en la que todo tiene que ser rápido, para "antes de ayer" (como decía un profesor en la facultad), con un ritmo frenético, movido única y exclusivamente por el placer, hedonista a más no poder, nos perdemos la esencia de la vida misma.

Los hay "zombies" y "yonkies" de *la felicidad*, desechando cualquier tipo de dolor o sufrimiento, ese que también alberga un aprendizaje o enseñanza.

Sean cuales sean las circunstancias que vives, la VIDA TE PERTENECE, es tuya, el único responsable de ella, eres tú.

Recuerda que tú también eres naturaleza. El crecimiento, el autoconocimiento, la transformación lleva tiempo, como el crecer de un árbol.

Pretender el cambio de un día para otro sería como invocar una gran catástrofe.

Habrá días nublados, como es normal, otros con lluvia y también con sol, que te permitirán ver el arcoíris, ese que pondrá luz y color a tu vida.

LA VIDA ES......
(acaba tú la frase)

TRUCOS DE COCINEROS EXPERTOS

"La conquista de uno mismo es la mayor de las victorias"

Platón. Filósofo

Comparto contigo a continuación, trucos de expertos cocineros que durante mucho tiempo tuvieron una gallina ansiosa cacareando en sus mentes a todas horas con pensamientos de esos negativos, catastrofistas y controladores a tope. Pequeños testimonios que se convierten en grandes trucos que les ayudaron a darle la vuelta a la tortilla y a comenzar a sentirse ¡libres!

- *Ponte **pequeños retos**, de esos que te hacen salir de tu zona de impotencia y darte cuenta de que sí puedes, y te adentrarás en una nueva área llamada CAPACIDAD.*

- Practica **ejercicios de meditación, relajación**. Yo desde que lo descubrí no hay un día que deje de lado ese estar conmigo. Lo siento como mi medicina para el alma.

- En ese **tomar conciencia** he observado la voz crítica que habitaba en mí, tal y como lo hacían conmigo cuando era pequeña. Identificarla y darle un lugar, ha sido milagroso.

- Cuando estoy en modo negativo y cenizo, paro un momento, tomo aire, veo qué parte de verdad, de razón, de realidad tiene ese pensamiento y trato de **ser lo más objetivo posible**. Sin afirmaciones positivas baratas, porque eso a mí no me sirve, porque si tienes un día jodido, por mucho que digas que va a ser un buen día, eso no se lo cree ni San Pedro. Aquí la clave es tu propio diálogo interno. "Dime cómo te hablas y te diré cómo te sientes"

- Donde va **el FOCO** va la energía, así que cuida y mima dónde poner la atención, tu fuerza, tu VIDA.

- Mi mente siempre ha vivido dos días por delante, con lo cual poco tiempo he vivido en el presente, en lo que llaman el **AQUÍ Y AHORA**. Andaba controlando y planificando desde el miedo, la incertidumbre....era un sinvivir.

  Los ejercicios que he aprendido en las sesiones me han ayudado a centrarme, enfocarme y no dispersarme tanto. Era tal el punto que ya no sabía si tenía principio de Alzheimer.

- **Escuchar el cuerpo** y no cogernos vacaciones de él, como dice Shaila es fundamental. Es una pasada lo que puede llegar a transmitir y manifestar un conjunto de carne y huesos. Pero todo aquello que no gestionamos por otras vías acaba saliendo y manifestándose en el cuerpo.Yo era "una pupas", siempre con mil achaques y ahora que **he aprendido a gestionar mi mundo interno**, el cuerpo ya no tiene que mostrarme con sufrimiento físico lo que antes no podía o no quería ver.

- **Celebrar tus logros,** por pequeños que sean, es como un aliento interior. Nadie más que tú siente esa felicidad de aquello que has conseguido, no lo desprecies, celébratelo.

Ni es magia ni un milagro, esto de darle la vuelta a la tortilla, aunque sí te diré que tiene algo de mágico y milagroso, el autoconocimiento, el autodescubrimiento de uno mismo, de esos entresijos que hay en nuestras redes neurológicas que nos llevan al punto en el que un día te encuentras y del que sientes que ya no regresarás.

Espero que toda la información que he compartido contigo, fruto de mis conversaciones con los pacientes, haya podido arrojar un poquito de luz, de claridad, de conocimiento y que ahora puedas aplicar, practicar o compartir con alguien que lo necesite.

Recuerda:

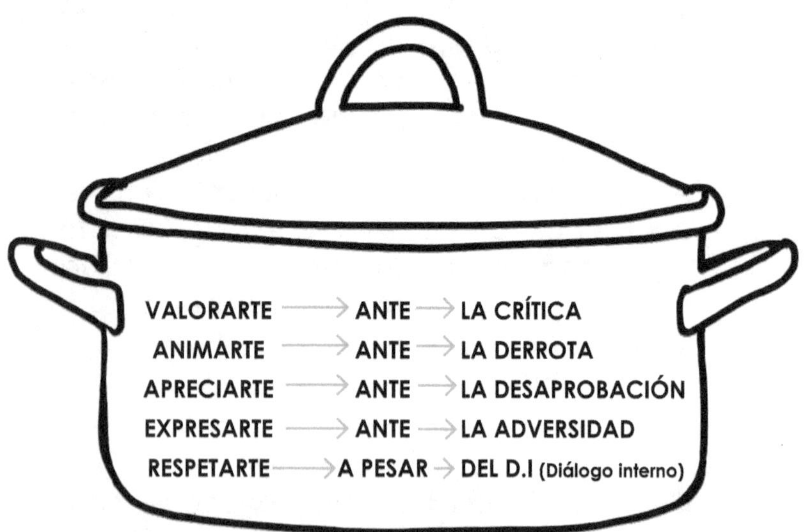

Angustiado, el discípulo acudió a su maestro y le preguntó:

"¿Cómo puedo liberarme maestro?"

El maestro contestó:

"Amigo mío ¿y quién te ata?"

SOBRE MÍ

Shaila Romero Ferrer, Psicóloga (licenciada por la Universidad de Valencia), Psicoterapeuta en EMDR (Desensibilización y Reprocesamiento por Movimientos Oculares), TFE (Terapia centrada en las emociones), ICV (Integración del Ciclo Vital), Coach Estratégica y Máster en Programación Neurolingüística.

Con más de 15 años de experiencia, en la actualidad, desarrollo mi labor profesional entre la práctica privada, el desempeño como Psicooncóloga en la AECC (Asociación Española Contra el Cáncer), la docencia y la formación.

He colaborado con diferentes Asociaciones y Organizaciones, entre ellas, SEDENA (Secretaría Nacional de la Defensa Nacional de México), AMAMECRISIS (Asociación Mexicana para ayuda Mental en Crisis), CONVASER (Consorcio Valenciano de Servicios Sociales) y Cruz Roja.

Disfruto fusionando mi entusiasmo, energía, vitalidad, sabiduría y conocimiento con una única intención, inspirar a otros en el proceso de transformación, sanación, autoconocimiento y descubrimiento del SER.

Partidaria de vivir con autenticidad y conectada con una misma, considero que la mejor obra de arte es ser uno mismo.

PROGRAMAS Y SERVICIOS

Déjate asombrar por la sencillez y facilidad con la que conseguirás tus objetivos con los programas y servicios que te ofrezco:

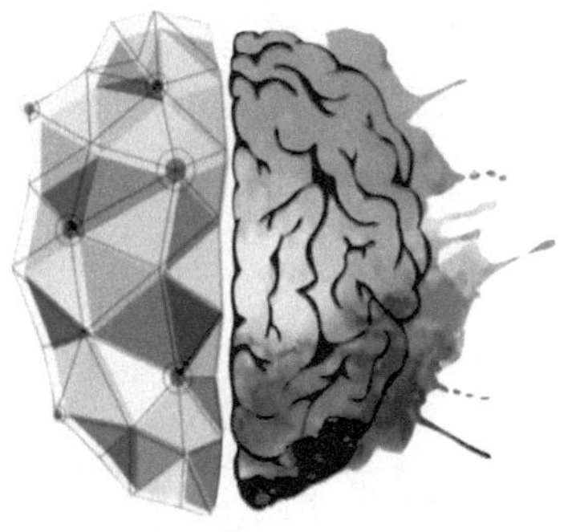

CALMA 3C

RECUPERA EL CONTROL DE TU VIDA EN 21 DÍAS

21 días para profundizar, indagar y descubrir cómo se genera la Ansiedad y cuales son las herramientas más eficaces para gestionarla. Eliminando la culpa, los juicios y críticas internas. Aumentando tu

capacidad de autorregulación, transformando los pensamientos ansiosos y desactivando emociones ansiógenas. Dirás adiós a las sensaciones corporales molestas de la ansiedad que tanto te atormentan.

Un programa online con sesiones virtuales para recuperar el control de tu vida de forma rápida, sencilla y eficaz.

Es el método online por excelencia que te hará recuperar la confianza y seguridad en ti mismo. Te propongo indagar sobre tu conexión con la vida, contigo mismo, con tu niño interior, activando y expandiendo todo tu potencial, haciendo crecer tu confianza y seguridad personal, esa que has estado buscando durante tanto tiempo.

- Descubrirás y sanarás heridas, vínculos, creencias limitantes y memorias individuales y familiares.

- Mejorarás la calidad de tus relaciones personales, familiares y profesionales.

- Sanarás tu proyecto sentido, permitiéndote vivir tu proyecto de vida libremente y sin condicionamientos.

- Te aceptarás a ti y a tus raíces liberando patrones de repetición y sentirás claridad y orden interno.

- Sentirás la paz interior de la reconciliación interna con lo que es, sin conflicto.

- Disfrutarás de bienestar general en tu vida sintiendo libertad personal y profesional.

- Te conectarás con tu esencia, con tu niña interior, esa que durante tanto tiempo ha estado esperando pacientemente este momento.

PROGRAMA "LIVE"

Es un programa intensivo y presencial de fin de semana que te permitirá **L**iberar e **I**ntegrar **E**xperiencias **V**itales sanando y abordando todas tus memorias para SIEMPRE.

Comprende 4 Fases:

1. **L**iberar patrones mentales. Regresando al pasado para explorar y detectar el origen.

2. **I**ntegración con la vida y re-conexión con la esencia del Ser.

3. **V**italidad. Aprendiendo a recuperar tu vitalidad, fuerza, energía y equilibrio emocional, mental y corporal.

4. **E**xperiencias. Procesamiento e integración de experiencias pasadas, consolidando todos los logros en el futuro.

AQUÍ COMIENZAN TUS NUEVAS DECISIONES

NO PODEMOS CONTROLAR
LAS CIRCUNSTANCIAS DE NUESTRAS
VIDAS, PERO PODEMOS ACEPTARLAS,
INTEGRARLAS E INCLUSO ABRAZARLAS, YA
QUE CADA UNA DE ELLAS NOS HACEN SER
LOS SERES ÚNICOS QUE SOMOS, GRACIAS
A LOS DESAFÍOS Y OPORTUNIDADES QUE
NOS ENCONTRAMOS EN ELLAS

Querido Lector:

GRACIAS, GRACIAS, GRACIAS

Puedes consultar más información sobre
los programas y servicios en:

 www.shailaromero.com

 info@shailaromero.com